Alle Rechte liegen bei der Autorin.
©Susanne Hottendorff 2014
Alle Fotos: Susanne Hottendorff
www.susanne-hottendorff.com

Erstausgabe: 2008, erschienen bei BOD

Ähnlichkeiten mit lebenden oder verstorbenen Personen sind rein zufällig und nicht beabsichtigt.

Der Text und die Bilder sind urheberrechtlich geschützt. Eine Reproduktion, egal in welcher Form, ist nur mit vorheriger schriftlicher Genehmigung der Autorin gestattet.

Bibliografische Information der Deutschen Nationalbibliothek. Die Deutsche Nationalbibliothek verzeichnet diese Publikation in der Deutschen Nationalbibliografie; detaillierte bibliografische Daten sind im Internet über http://dnb.d-nb.de abrufbar.

Herstellung und Verlag:
BoD - Books on Demand, Norderstedt
Printed in Germany

ISBN: 978-3-738 654-14-1

Susanne Hottendorff

Spanien,
der schnellste Weg
zum Herzinfarkt

So geht Auswanderung wirklich!

Kapitel 1

Menschen werden geboren, wachsen und lernen Dinge, die sie für ihr Leben benötigen und mit ihnen werden Wünsche entbunden. Zuerst, bei den Kindern, sind es die kleinen Wünsche nach einer eigenen Puppe oder nach einem ferngesteuerten Rennauto. Werden die Kinder größer wachsen auch die Herzenswünsche mit ihnen, so sehnt man sich nach dem Jungen aus der Nebenklasse, der einen so gar nicht beachtet, oder nach einem Wochenende ohne Eltern. Später kommen dann schnell die materiellen Träume hinzu, die eigene Wohnung, das erste eigene Auto, aber auch Wünsche an die Zukunft: ein Partner fürs Leben und vielleicht Kinder.
Wir alle hören nicht auf Wünsche vor unserem inneren Auge aufzubauen. Hätten wir keine Sehnsüchte mehr, wäre das Leben langweilig, es gebe keine Ziele mehr, auf die wir hinarbeiten müssten und keine Träume mehr, die uns Antrieb gäben, weiter zu leben und weiter zu hoffen.
  Auch ich hatte Wünsche, zuerst kleine, später große, wie alle Menschen auf der Erde auch. Einige meiner Wünsche erfüllten sich sehr schnell, andere dauerten, wieder andere, erkannte ich, waren nicht richtig. Sie waren besonderen Traumbildern entstanden, die nicht zu realisieren waren. Dafür entstanden immer wieder neue Träume und neue Wünsche!
Seit wann ich dieses Verlangen, mein Leben in Andalusien zu verbringen hatte, kann ich heute nicht mehr sagen. Es gab, so weit ich mich

erinnern kann, keines dieser Aha - Erlebnisse, mit dem Ergebnis: ich will nach Andalusien. Vielleicht war es in einem dieser Urlaube, als Pauschaltourist, irgendwo in einem Flugzeug über den Wolken? Vielleicht während ich in einer dieser viel zu engen Chartermaschinen saß, auf dem Weg in einen Urlaub, auf den man sich das ganze Jahr schon gefreut hatte? Zwischen all den Menschen, die genau wie ich, dem grauen nordeuropäischen Wetter entfliehen wollten, immer mit dem einem Ziel vor Augen: Sonne, Meer, Strand und Erholung. Während man versucht, ohne wirklich eine gute Figur dabei abzugeben, ohne die Arme richtig benutzen zu können, das bisschen Essen, was einem in so einer Maschine, verpackt zwischen Mehrwegplastikschale und Styropor, serviert wird, zu essen. Da beginnt man dann, damit die Zeit bis zur Landung halbwegs erträglich wird, zu träumen von Oliven, roten und leckeren Tomaten mit Geschmack, die man im Norden schon lange nicht mehr bekommt, von Rotwein und fangfrischem Fisch. Man denkt an ein Frühstück mit der Sonne als Partner am Tisch, der auf einem lauschigen Patio inmitten eines eigenen Gartens mit großem Pool steht. Man sieht bunte Blumen, deren Leben nicht kurz nach dem Einpflanzen vom nächsten Regenschauer oder gar Hagel im Sommer beendet wird. Der Duft von Jasmin und Apfelsinenblüten steigt in die Nase, gemischt mit Aromen der eigenen Gewürze wie Minze, Basilikum oder Thymian.
Zahlreiche Fernsehsendungen übermitteln diese Eindrücke, jeder kennt sie, selbst wenn er noch nie im Ausland war. In jeder Zeitschrift gibt es

Artikel, die Lust auf Reisen, Ferien und Erholung machen.

Irgendwann wurde mir ein Samenkorn mit diesem Wunsch in mein Herz gepflanzt. Meine Freundin sagt, es ist früher, viel früher, also noch lange vor meiner Schulzeit, passiert. Sie beschäftigt sich mit spirituellen Dingen, sie kann pendeln und die Zukunft in den Karten sehen. Sie erklärte mir sogar, das Ziel Südspanien sei bereits in einem meiner Vorleben entstanden. Vielleicht, so ihre Worte, hätte ich auch schon damals dort gelebt. Jeder Mensch wird wiedergeboren, mehrmals.
Demzufolge soll ich in Südamerika gelebt haben. (Da wir das nun aber nicht wirklich nachprüfen können, lassen wir es kommentarlos stehen.) Zum Glück, nicht in Brasilien, denn dann würde ich ja heute in Portugal zu Hause sein, in dem Land, das in den Sommermonaten leider immer wieder von zahlreichen Waldbränden heimgesucht wird. Neuerdings trifft diese Aussage aber auch auf einige Teile Spaniens zu.
Vielleicht, denke ich heute, liegt darin auch der Grund, warum ich mich in der Schule für Spanisch und nicht für Französisch als zweite Fremdsprache entschlossen hatte. Spanisch lag mir im Blut, es fiel mir leichter die fremden Laute zu sprechen. Französisch war es eben nicht. Das ist alles schon so lange her, Jahrzehnte sind vergangen. Meinen Traum, Andalusien, hatte ich, wenn überhaupt, nur in meinem Unterbewusstsein als Ziel vor Augen.

Nach der Schule kam mein erster Urlaub ohne die Eltern. Ich flog nach Jugoslawien und ich bin heute froh, das alte Dubrovnik noch vor dem grausigen Krieg gesehen zu haben. Danach folgten einige Jahre Urlaub in Griechenland. Tolle Erinnerungen an die Insel Kos und Kreta, Samos und Ägina, aber auch an Athen mit seiner breiten Panepistemio, der Hauptstraße, die durch die Stadt führt. Es waren schöne Urlaube mit viel Sonne, netten Urlaubsbekanntschaften, teilweise sind sie mir bis heute geblieben.

Nach meiner Heirat wollten wir andere Länder erkunden. Die Türkei mit seiner Herzlichkeit und mit vielen antiken Stätten folgte. Istanbul, eine pulsierende Stadt voller Leben, voller Kultur und Vitalität. Meine Zukunft in einer dieser großen Städte, wie Athen oder Istanbul, konnte ich mir nicht vorstellen. So ist zum einen die Mentalität dieser Menschen nicht annähernd mit der, der Deutschen zu verglichen, aber zum anderen, ist die Sprache ein großes Handicap! Ich erinnere mich an einen Kursus der Volkshochschule: Griechisch für Anfänger! Der Kurs begann mit über zwanzig Teilnehmern, als ich nach der vierten Stunde das Handtuch schmiss, waren es nur noch acht!

Heute denke ich, ohne es zu wissen, ich hatte mein Ziel noch nicht klar vor Augen und habe weiter gesucht! Gesucht nach meinem mir vorbestimmten Ziel: Spanien.

Ein Umweg brachte mich auf die Kanarischen Inseln. Ich hatte schon mal die Sprache, konnte endlich umsetzten, was ich in der Schule gelernt hatte. Wir hatten Anfang der neunziger Jahre, von meinem Schulspanisch war noch einiges hängen geblieben. Auf den Kanarischen Inseln wird man in den Touristengebieten jedoch fast überall auf Englisch oder Deutsch angesprochen. Abseits dieser Gebiete kann man vielleicht das eine oder andere spanische Wort,

zum Beispiel, bei einer Bestellung eines Getränkes einsetzten. In den Hochburgen, dort wo es international zugeht, darf man gerne Spanisch sprechen, wird aber immer eine Antwort in seiner eigenen Sprache erhalten, wie auch immer es funktioniert, kann ich Ihnen auch nicht sagen.
Ich kann mich genau erinnern, wir saßen an einem lauen Abend in einer Eisdiele, in einem kleinen, einer Spirale nachempfundenen Einkaufszentrum auf Gran Canaria. Ich bestellte mit meinem Castellano zwei *Café solo*, ich bekam aber zwei *Café Aleman*. Es liegen schon große Unterschiede zwischen den Cafés, ein *Solo* ist eher ein Espresso und ein *Aleman*, eine simple Tasse Kaffee, wie sie jeder zum Nachmittagskuchen in Deutschland trinkt. Heute passiert es mir nicht mehr, aber damals, war ich enttäuscht und sauer! Vielleicht war es einer der Gründe, weshalb die Kanaren eben nicht mein Ziel waren, ich es aber immer noch nicht wusste! Gerne zitiere ich an dieser Stelle einen Spruch, den ich mal auf einer Postkarte gelesen habe:

Leben, bedeutet unterwegs zu sein,
nicht möglichst schnell anzukommen!

Leider wurde mein Weg, an mein mir bis dahin unbekanntes Ziel, durch eine Krankheit unterbrochen. Ans Haus gefesselt mit einer nicht zum Erfolg führenden Therapie vergingen die Monate. Sitzen war das Schlimmste für mich und für meinen Rücken. Aber ich konnte doch meine Kunden, als Beraterin eines Kreditinstitutes, nicht im Stehen über aktuelle Aktien und Kredit-

konditionen informieren. So blieb ich weiter krankgeschrieben und zu Hause.
Wir suchten nach neuen Wegen, nach Alternativen, die uns in Zukunft ernähren konnten, sollte ich eines Tages meinen Beruf gar nicht mehr ausüben können.
Ein Hotel? Warum eröffnen wir nicht ein Hotel? Irgendwann auf der Straße des sich Informierens, des sich Objekte Ansehens, zwischen Gesprächen mit Experten und Freunden, da war auch eine ehemalige Kollegin, die genau diesen Schritt mit ihrer Lebensabschnittsgefährtin gemacht hatte und bis dato nicht bereut hatte, da kam auch wieder Spanien ins Visier unserer Träume. Wenn schon ein Neustart, warum dann nicht einen im Ausland? Das klingt hier in wenigen Zeilen geschrieben so einfach. War es aber nicht. Es durfte niemand wissen, der mit meiner Arbeit zu tun hatte! Was würde der Arbeitgeber sagen, wenn er von solchen Aktivitäten erführe? Die Familie? Bloß nicht, die taten es sowieso ab mit einer schlichten Handbewegung. Junge Leute und ihre Flausen!

 Mein Zustand wurde aber nicht besser, eher schlechter. Im ersten Quartal des Jahres, wir schrieben 1995, entschlossen wir uns einen Versuch zu starten. Mein Mann packte unseren Kombi voll, mit Pütt und Pann, mit Dies und Das, es sollte der Start in eine neue, gemeinsame Zukunft werden. Ich durfte den Radius meines Wohnortes nicht verlassen, so sprach die Krankenkasse! Der Weg nach Spanien ist weit und überschreitet diese gedachte Linie bei weitem. So suchten wir einen geeigneten Kandidaten, der meinen Mann auf dieser Fahrt begleitete. Wir landeten bei der Mitfahrerzentrale in

Hamburg! Es dauerte nicht lange, da meldete sich ein junger Spanier bei uns zu Hause am Telefon. Er wollte uns kennenlernen, wir sollten ihn besuchen. Er lebte in eine kleine Wohnung in Eimsbüttel, da habe ich mich nie ausgekannt! Er stellte uns seinen Freund, einen Italiener vor, der meinen Mann im Auto begleiten sollte. Der Spanier selbst, er wollte den Flieger nehmen! Der Termin wurde festgelegt, die Route besprochen und man machte sich auch über den Proviant für die lange Reise Gedanken.

So ging es dann los, an einem dunklen Morgen mit dichtem Schneegestöber! Stunden der Angst, ein Handy besaßen wir noch nicht, folgten für mich. Alleine in unserem Haus zurückgeblieben musste ich auf Lebenszeichen der Reisegruppe warten. Nie wusste ich, wo sich mein Mann gerade aufhielt, ob es ihm gut ging und ob der Wagen so lief wie geschmiert. Waren sie gesund, oder gab es einen Unfall?

Die Fahrt ging über Aachen, durch Belgien, über Paris, Bordeaux, Bilbao, Madrid, Sevilla bis nach Chiclana. Dort wohnte der Spanier, in einem kleinen Vorort, hätte ich damals gesagt. Chiclana, kannte ich damals nicht, hätte es sicherlich auch nicht ohne Schwierigkeiten auf der Karte gefunden. Für die 3000 km benötigte mein Mann dreißig Stunden, der Italiener hatte keinen Führerschein und fungierte somit nur als Beifahrer und Kartenleser. Sie erreichten heil und gesund, wenn auch übermüdet, Chiclana. In einem kleinen Zimmer, es befand sich in einem Anbau im Hause des Spaniers, fand mein Mann für zwei Tage Unterschlupf. Es folgte die Überfahrt mit der Fähre von Cádiz nach Gran Canaria. Für mich, in unserem Haus und mit meinem

Telefon am Bett, der ruhigere Teil der Reise. Die Fahrt von Cádiz über Teneriffa nach Gran Canaria dauerte 36 Stunden. Übrigens, sie dauert heute immer noch so lange!
Auf der Insel, die bekanntlich rundum von Wasser umgeben ist, fühlt man sich sehr schnell wie in einem Käfig. Das stellte auch mein Mann fest. Außerdem sind die Insel und die Bevölkerung der Insel, wenn es darum geht, dass ein Fremder Geschäfte machen will, sehr eigensinnig! Aus anderen Ländern, besonders aus dem einen Land mit dem Stiefel, kennt man solche Unterwanderungen, ganz vorsichtig ausgedrückt. Außerdem war auf den Kanaren eine Selbständigkeit nur im Doppel mit einem Einheimischen möglich, wie es heute ist, entzieht sich meiner Kenntnis.
Es hat nicht geklappt, vielleicht weil wir noch nicht reif dafür waren, oder weil es eben nicht das Ziel war, was wir erreichen sollten!

Nach zwei Testwochen, so will ich den Aufenthalt nennen, buchte mein Mann dann erneut eine Überfahrt nach Cádiz und somit zurück nach Deutschland! Später, als er wieder zu Hause war, konnten wir immer sagen: unser Auto war auch schon auf den Kanaren!

Der Spanier und sein italienischer Freund, sie sind nur auf der Durchreise dabei, deshalb gebe ich ihnen keinen Namen, beherbergten meinen Mann wieder bei sich. Und da begann es, glaube ich. Mein Mann lernte andere Spanier kennen, auch einen jungen Polizisten, der später entscheidend dazu beigetragen hat, dass es so gekommen ist, wie es heute ist!
Wir telefonierten oft, ich konnte an der Stimme meines Mannes erkennen, es gefiel ihm, dort wo

er war! Ich riet ihm, schau dich doch mal etwas genauer um und erhielt die Antwort: habe ich schon und ich bin begeistert. Ein Makler begleitete die Männer, meinen Mann und den Polizisten, zahlreiche Bilder von Objekten jeder Art und Größe entstanden. Viele Jahre später habe ich diese Bilder als Einkaufszettel benutzt, ich konnte sie nicht einfach so vernichten.
Die Rückfahrt nach Deutschland und nach Hause folgte nach einem knappen Monat Aufenthalt. Heute erinnert sich mein Mann noch an einen ganz bestimmten Teil der Reise. In Spanien war *Semana Santa*, die Kar-Woche und Ostern. Kurz vor Burgos in Nordspanien fing der Auspuff plötzlich an sehr laut zu werden. Mein Mann suchte eine Werkstatt auf. Ein Ersatzteil, so die Aussage, müsste erst bestellt werden, eine sofortige Reparatur sei also auch schon deshalb gar nicht möglich. Mein Mann fuhr weiter. Bis Bordeaux, da gab es dann einen Knall und der Auspuff lag am Boden. Ein Bettlaken wurde aus dem Gepäck gezogen und das gute Stück darin verpackt. Die Reise ging weiter, ohne Auspuff! Durch Frankreich und Belgien. Mein Mann empfand das Gefühl mit einem Panzer unterwegs zu sein. Erst in Köln gelang es ihm, obwohl es Ostersonnabend war, eine Werkstatt zu finden, die helfen konnte!

Noch immer krank und neugierig auf die Erzählungen, war ich heilfroh meinen Mann wieder in die Arme zu schließen.
Wir besaßen ein Haus mit einem großen Grundstück und vieles war liegen geblieben, Arbeiten, die ich nicht ausführen konnte, weil ich zu krank war.

Heute denke ich, dieser Aufenthalt an der Costa de la Luz, war wichtig und nötig. Der Reiz dieses Landes, die Schönheit der Region hatte sich bei meinem Mann, wie ein Pfeil ins Herz gebohrt.

Die Monate gingen einher, weitere Therapien, eine Verschlechterung meiner Situation, die dann dazu führte, meine Ängste in Hoffnung zu wandeln. Ich musste den Schritt wagen, die von den Ärzten angeratene Operation in Angriff nehmen zu lassen. Es ist kein leichter Eingriff gewesen, bei Nichtgelingen wären mir der Rollstuhl und eine Totallähmung geblieben. Aber, ich bin an einem Sonntag geboren, was sollte schon schief gehen?

Sylvester 1995 wurde ich aus dem Krankenhaus entlassen. Glücklich, wieder zu Hause zu sein, begann aber eigentlich der schwerste Teil meiner Krankengeschichte. Die Muskeln hatten sich, aufgrund der langen Unbeweglichkeit, zurückgebildet. Ich konnte kaum eine Tür öffnen, geschweige normale Dinge wie Haare waschen oder Kämmen alleine erledigen.

Jeden Tag fuhr mein Mann mich in den Nachbarort zur Krankengymnastik. Meine Erinnerungen an diese Zeit sind geteilt, teils mit einem Lächeln, teils mit einer Träne im Auge.
Die mich behandelnde Therapeutin war mir ans Herz gewachsen. Wir führten viele tiefsinnige Gespräche während ich in der Schlinge hing oder im Wasser meine Übungen machte. Wir sind uns richtig nah gekommen, fast könnte man sagen, wir waren befreundet!
In den langen Monaten auf dem Weg zur Besserung war nicht an Urlaub zu denken. Spanien und unser Ziel waren eingepackt, zwischengelagert, sozusagen auf Eis gelegt! Wobei, mit Eis

hat das ja eigentlich nicht wirklich etwas zu tun. Fast ein ganzes Jahr lang mühte ich mich, wieder einigermaßen die Alte zu werden. Es ist mir nicht gelungen; vielleicht ist es auch gut so. Aus Erfahrungen lernt man! Auch so ein Spruch, der immer passt!

Ende des Jahres, inzwischen 1996, begann ich wieder in meinem Job zu arbeiten. Ganz langsam, Stepp bei Stepp, Tag für Tag, holte ich das Versäumte auf, um so wieder in meiner alten Position arbeiten zu können. Zwei Jahre waren für mich vergangen, ohne Urlaub und ohne Spanien gesehen zu haben. Klar, werden sie sagen, wenn man krank ist! Das ist wohl richtig, aber mein Mann hat viel erzählt, viel berichtet und die Bilder aus Andalusien, ich konnte mich gar nicht sattsehen daran und die Sehnsucht wuchs immer mehr!

Im darauf folgenden Jahr, also 1997, konnte ich im Sommer keinen Urlaub machen. Das hatte mit der Firma, meinem Resturlaub aus 1996 und vielen anderen Dingen zu tun, die für den weiteren Verlauf der Geschichte unwichtig sind.
Im Dezember reisten wir nach Gran Canaria. Zu Weihnachten ist das Wetter auf den Kanaren garantiert super: Grund genug für uns!
Erst jetzt zeigten sich die Unterschiede, die meinem Mann durch den Aufenthalt in Andalusien nur zu deutlich geworden waren. Woher hätten wir es denn auch wissen sollen? Die Menschen auf den Kanaren sind durch den vielen Tourismus abgestumpft, den Fremden gegenüber zwar aufgeschlossen, wenn es darum geht, Geld zu verdienen. Aber als Partner würden wir dort nicht akzeptiert werden können.

„Das Wetter zeigt sich von seiner schönsten Seite, das ganze Jahr über Sonne!", steht in vielen Reiseprospekten, das stimmt auch. Es ist für die Natur und auch für uns Menschen durchaus von Vorteil, wenn es Monate gibt, die nicht so heiß, nicht so trocken sind. Abwechslung ist doch immer schön, nicht nur beim Essen und beim Fernsehprogramm!

Wir erholen uns, Sonne, Strand und Meer, ein typischer Urlaub eben am Atlantik, dennoch sprachen wir immer wieder über die Vorteile, die ein Leben auf dem Festland mit sich bringen würden. Ein Gefühl von Freiheit, nur alleine die Möglichkeit zu besitzen, mit dem Auto oder der Bahn reisen zu können, wann man will und nicht, wie auf einer Insel abhängig sein zu müssen von freien Plätzen in einem Flugzeug oder auf die Fahrzeiten der Fähre. Bleibt noch zu erwähnen, die Preise für die Überfahrt mit der Fähre der Trasmediterranea sind nicht unerheblich, so würde man kaum, ganz abgesehen vom Zeitfaktor, mal so eben einen Ausflug ans Festland unternehmen. An der Costa de la Luz, speziell in Chiclana, hätte man alle Möglichkeiten vor der Tür, wenn man sie nutzen möchte. Städte wie Sevilla, Málaga, Cordoba, Cádiz, Jerez de la Frontera, Granada, um nur einige zu nennen. Aber auch Barcelona oder Madrid sind mit dem Auto, wenn man möchte, zu erreichen. Für alle, denen das immer noch nicht reicht, bietet sich eine Reise mit dem Hochgeschwindigkeitskatamaran, an. Die Fahrt nach Tanger dauert nur ca. 30 Minuten, liegt Afrika doch direkt vor der Tür.

Wieder einmal trafen wir uns mit unseren Freunden zu Hause. Wir schrieben Januar 1998, bei einem aus dem Urlaub mitgebrachten Gläs-

chen Rotwein und ein bisschen Salami, wir waren gerade von den Kanaren zurückgekommen, diskutierten wir unsere Pläne für das neue Jahr. Aus einem mir bis heute unerklärlichen Grund, begannen wir unsere Freunde davon zu überzeugen, ein gemeinsamer Urlaub in Andalusien wäre genau das Richtige! Zuerst waren sie gar nicht davon überzeugt, wir wechselten das Thema. So verließen sie uns nach stundenlangen Gesprächen erst weit nach Mitternacht, um sich auf den Heimweg zu machen. Ein Telefonanruf holte mich am kommenden Morgen aus dem Schlaf! Unsere Freunde! Sie hatten den Rest der Nacht damit verbracht, zu überlegen, Landkarten angeschaut und den Kalender studiert! Ja, sie kommen mit, war die Entscheidung, die wohl erst gegen Morgen gefallen war. Nun begann die Planung unseres ersten gemeinsamen Urlaubs.
Ein Hotel musste her, Flüge sollten gebucht werden! Es sollte auch nicht zu teuer werden, wir benötigten natürlich auch einen Mietwagen! Es dauerte, aber wir haben es geschafft.
   Am 21. März ging unser Flieger von Hamburg über Brüssel nach Málaga. Der Umweg über Brüssel erklärt sich in einem sehr günstigen Linienflug der belgischen Fluglinie, die es damals noch gab. Es folgten zwei traumhaft schöne und gleichzeitig total anstrengende Urlaubswochen. Wir haben endlose Fahrten durch das Land unternommen und dabei so viel Spaß gehabt.

Wir sahen Ronda, erforschten Sevilla, durchkämmten die Straßen von Málaga, suchten immer wieder in Estepona nette Lokalitäten, fanden sie aber nicht, streichelten die Affen auf Gibraltar, lernten Cádiz lieben und besuchten den Polizisten in Chiclana, den mein Mann kennen gelernt hatte! Irgendwie kamen wir näher ans Ziel, aber, das wussten wir damals noch nicht. Aus Neugierde haben wir uns Objekte angesehen, Häuser, die ich immer Nistkästen nenne! Nicht das, was ich mir so vorgestellt hatte, aber es war dennoch interessant, sich so etwas mal anzusehen. Jedenfalls hatten wir Vier einen sehr schönen Urlaub und für mich war es der erste Kontakt mit Andalusien und der Costa de la Luz.

Zum Ende des Jahres beschlossen wir, zum allerletzten Mal auf die Kanaren zu fliegen, wegen des Wetters!
Mein Mann und ich haben uns richtig verabschiedet von der Insel, ein letztes Mal hier hin, ein letztes Mal dort hin, noch einmal zum Bandama, noch einmal in den zauberhaften Barranco de Guayadeque, ein Naturpark und Schauspiel mit unermesslicher Schönheit, den man übrigens erreicht, wenn man die Autovia bei Carriazal verlässt und über Ingenido ins Landesinnere fährt!

Glücklich und erholt verließen wir am 2. Januar 1999 mit dem Flugzeug Gran Canaria um ins eiskalte Deutschland zu kommen.

Rückblickend hatte das Jahr 1998 auch bei mir viele Änderungen, hauptsächlich beruflich gebracht! Ich war glücklich, konnte wieder arbeiten, hatte einen guten Job, der mir viel Spaß machte. Was wird wohl 1999 bringen? Jeder fragt sich das, am Anfang eines Jahres, so

auch wir. Wünsche, die einen Menschen begleiten, sind da, aber doch nicht in jeder Minute des Lebens. So gab es sicherlich Wochen, auch Monate, in denen wir nicht permanent an den großen Wunsch, unsere Heimat Deutschland zu verlassen, dachten. Es wurde langsam Frühling, die Gedanken an den bevorstehenden Sommer sind dann, ich glaube wie bei fast jedem, auch mit Urlaubsplänen verbunden. Schnell, sehr schnell, waren wir uns einig. Ich muss gestehen, wir waren uns nicht nur in diesem Fall immer schnell einig! Das Ziel sollte, klar, Sie werden es erraten, Andalusien sein! Aus einem kleinen Urlaubstagebuch, das ich seit einigen Jahren führte, um das Erlebte festzuhalten, zog ich eine Visitenkarte heraus.
Natürlich kommt es mir auch jetzt zugute. Der Spanier, Sie erinnern sich, der Polizist, er hatte eine Faxnummer auf seiner Visitenkarte. Einen Grund, mir darüber Gedanken zu machen, gab es nicht, warum auch?
Still in mein Büro zurückgezogen holte ich die letzten spanischen Vokabeln aus meiner hinteren Schublade im Gehirn und verfasste einen Brief. „Wir möchten Urlaub machen, bei euch in der Nähe, hast du eine Möglichkeit uns ein Haus zu beschaffen?", oder so ähnlich jedenfalls. Einige Tage später bekam ich tatsächlich ein Fax aus Spanien! Ich lief ganz aufgeregt durchs Haus, ein Fax aus Spanien!
Der Polizist, wir nennen ihn ab jetzt Antonio, schrieb: „Ich habe für euch ein Haus gefunden, ganz in der Nähe meines Hauses. Es hat einen eigenen Pool und auch einen Grill im Garten!" Dann konnte ja eigentlich nichts mehr schief gehen.

Mein Mann und ich waren uns einig, es sollte ein Urlaub werden, anders als die bisherigen, es sollte so sein, als würden wir schon immer in Spanien leben, wie die Einheimischen! Eigenes Haus, eigenes Auto, eigenen Garten, u. s. w.

Mein letzter Arbeitstag, auch noch mein Geburtstag, endete gegen 14.00 Uhr. Zu Hause angekommen wurde noch eine Kleinigkeit gegessen, dann ins Bett. Vorschlafen! Schwierig, an so einem Tag. Meine Mutter, die während unserer Reise auf Haus und Hund achtete, versuchte die Anrufe von uns fernzuhalten, aber so richtig hat es nicht geklappt. Jeder wollte noch gratulieren und uns eine gute Reise wünschen, leider muss ich heute sagen! Der Schlaf wäre wichtiger gewesen.
Irgendwie haben wir dann doch nur noch geruht und sind aufgestanden, haben die Reste in den Wagen gepackt und sind dann um 23.00 Uhr gestartet. Die Strecke von Haustür zu Haustür beträgt genau 3030 km.
Die erste Etappe erreichen wir nach fünf Stunden, die belgische Grenze. Bis hier war das Wetter trocken und es gab kaum Verkehr. Gegen 6.30 Uhr dann bereits die französische Grenze. Die erste wirkliche Anforderung dann gegen kurz vor 8.00 Uhr. Wir passieren Paris! Ich die Karte vor der Nase, mein Mann am Lenkrad. Ich weiß es noch genau, als wir kurz nach 9.00 Uhr es tatsächlich geschafft hatten, der Stadt und dem Berufsverkehr zu entkommen, waren meine ersten Worte: das hat mich mindestens ein Jahr meines Lebens gekostet! So viel Verkehr auf so vielen, nebeneinander führenden Spuren, die am Ende doch alle ein unterschiedliches Ziel hatten,

versehen nur mit Nummern, hatte ich noch nicht erlebt. Nach der Pause, die wir uns wirklich verdient hatten, das nächste Hinweisschild: 547 km bis Bordeaux! Ich möchte hier nochmals erwähnen, wir haben nicht geschlafen auf der Fahrt, ein wenig Chemie aus der Apotheke, Koffein, half uns dabei. Trotzdem, nach einer Reise bis Paris, dann erneut das Ziel, wobei ja nur ein Etappenziel, in 547 km, es ist schon hart. Wir haben es dennoch geschafft, gegen 14 Uhr erreichen wir Bordeaux. Eine Pause mit einer Erfrischung, dann geht es weiter. Kurz nach 17 Uhr passieren wir die spanische Grenze, endlich kann ich auch die Schilder und Hinweise wieder lesen. Wir fahren nun auf Madrid zu, es sind nur 498 km!

Während eines Seminars, zu dem mich mein Arbeitgeber schickte, lernte ich einen Dozenten kennen, der mit einer ganz eigenen Art uns zeigte, was Service bedeutet. Er berichtete, zur Erheiterung aller, von einem Mann, der am Strand eine tolle Frau sieht! Die Stufen, die er durchlebte, gehen wie eine Kurve immer rauf und runter. Sie ist hübsch und spricht mit mir, Kurve rauf, sie trägt einen Ehering, Kurve runter, sie lebt in Scheidung, Kurve rauf, sie hat Kinder, Kurve runter, sie sind schon aus dem Haus, Kurve rauf. Genauso ging es uns. Endlich Spanien, Kurve rauf, noch 498 km bis Madrid, Kurve runter.
Kurz vor Madrid machen wir eine Pause. (Kurve rauf). Der Blick, den wir hier erleben dürfen, eine Erinnerung, die mir für immer vor Augen bleiben wird. Madrid liegt in einem Tal und wir schauen hinab in ein unbeschreibliches Lich-

termeer. Danach ging es weiter und wir passieren Madrid gegen 23 Uhr bei ganz wenig Verkehr. Dann das nächste Hinweisschild: Sevilla 630 km (Kurve runter). Aber, zuerst kommt Cordoba. Für mich ist es seit dieser Reise, die Stadt, die man nie erreicht. Die Strecke ist endlos, man denkt, die Stadt Cordoba läuft einem davon! Auf einem Parkplatz, zwischen zwei großen Lkws gönnen wir uns eine Pause, die erste richtige seit wir zu Hause losgefahren sind, wir schlafen eine ganze Stunde! Je länger die Reise dauert, je schwieriger ist die Fahrt, vor allem bei Nacht. Die Augen sind einfach total überanstrengt. Es war unverantwortlich, werden auch Sie jetzt sagen. Ja, wir wissen es, und glauben Sie uns, noch mal machen wir es nicht, aus der heutigen Sicht! Nachdem wir endlich Cordoba erreicht haben, erfolgt eine zweite Schlafpause. Wieder ein Parkplatz dieser Autobahnriesen, es ist sicherer die Pause zwischen Berufsfahrern, hat man uns gesagt. Die Typen, die hier laufen, kommen uns aber nicht ganz geheuer vor, also fahren wir weiter. Das nächste Etappenziel heißt Sevilla. Es ist schon hell als wir um 6.30 Uhr durch die Stadt fahren. Einige Minuten die Beine vertreten, etwas trinken, klar aufs stille Örtchen, dann geht es weiter. Es ist kurz nach 8 Uhr als wir unser Ziel erreicht haben. Wir sind total erschöpft aber überglücklich endlich aus dem Auto steigen zu dürfen.
Antonios Haus liegt still und ruhig vor uns, scheinbar schläft hier noch alles! Dann aber ein Blick, eine geöffnete Tür, sie sind wach! (Kurve hoch). Die Gesichter sind ein wenig überrascht, als sie uns entdecken. Es wird auch schnell klar

warum, das Haus ist noch nicht sauber! Wir laden unsere Sachen aus dem Auto, zu mehr sind wir nicht mehr im Stande. Antonios Frau reicht uns saubere Bettwäsche, die wir in einem kleinen, scheinbar von den letzten Mietern nicht genutzten Zimmer auf die Betten legen. Kurz durch den Pool geschwommen, dann nur noch aufs Bett! Beim Schließen der Augen spürt man, wie die Autoreifen über den Asphalt rollen, immer weiter, immer schneller, dann schlafen wir tief und fest bis kurz vor ein Uhr.
Als wir erwachen, kann unser Urlaub beginnen. Dass die letzten Lebensmittel, im nach dem Auszug der letzten Gäste ausgeschalteten Kühlschrank, schon alleine versuchen die Küche zu verlassen, kann mich jetzt auch nicht mehr erschüttern. Mein Mann und ich fahren in die Stadt um einzukaufen. Nur das Nötigste, vor allem aber Getränke! Bei unserer Rückkehr hat dann auch schon die große Reinigungsaktion begonnen. Ich helfe, damit es schneller geht und kümmere mich um die Küche.
Endlich alleine, der Blick auf die Uhr zeigt es ist 18 Uhr.

Nun soll natürlich kein Bericht über unseren Urlaub folgen, aber glauben Sie mir, in diesen knapp vier Wochen haben wir sehr viel gelernt über Land und Leute, aber ich bin ganz ehrlich, richtig verstanden und somit umsetzten konnten wir es noch nicht! Dazu war die Zeit zu kurz und man selbst wohl auch nicht wirklich bereit!
Es lagen traumhaften Wochen vor uns, nur Sonne, gutes Wetter, ausgezeichnete Weine, leckeres Essen und wir genossen die Zeit des Urlaubs so sehr, mehr als wir je zuvor einen Urlaub bewusst in uns aufgesaugt hatten.

Mit unserem Antonio und seiner Frau haben wir einige Gespräche geführt, über Dies und Das, über das Leben in Spanien und auch über Häuser! Schnell hat er uns verstanden, trotz der Sprachbarriere, unser Herzenswunsch war es, ein eigenes Haus in Spanien zu besitzen.
Die Zeit der Ferien verging, wieder wurde das Auto beladen und die Heimreise angetreten. Erneut lagen die endlosen 3000 km vor uns bis wir nach Hause heimkehren durften.
Das Jahr verging ohne Höhen und Tiefen. Kontakt zu Antonio bestand nicht mehr, denn einen Anlass gab es nicht dafür.

Neujahr, 2000! Die prognostizierten Katastrophen blieben aus, die Umstellung, vor der so viele Experten Angst hatten, lief reibungslos. Für uns sollte sich das Leben grundlegend ändern, die Fahne, auf der am Anfang des Jahres die guten Vorsätze geschrieben werden, blieb bei uns unbeachtet im Verborgenen.
Hauptthema in den ersten Tagen des Januars war, wie in vielen Betrieben, die Urlaubsplanung.
Alle Kollegen reichen ihre Wünsche ein, es wird geschoben und gerangelt, aber zum Glück, am Ende passt es dann doch immer irgendwie. In Erinnerung an eine Bemerkung des Antonio in Spanien entschieden wir uns für den Monat Juni, da in Chiclana eine Feria stattfinden sollte. Ein Ereignis, dass wir, so Antonios Worte, auf keinen Fall versäumen sollten. Das Ziel stand also fest, eine erneute Reise nach Andalusien an die Costa de la Luz.
Die Antwort auf meine, wieder per Fax abgeschickte Anfrage über ein zu mietendes Haus an Antonio, ließ auf sich warten. Gewundert haben

wir uns schon, an Alternativen für einen anderen Urlaub aber noch nicht gearbeitet.
Der Januar verstrich ohne eine Reaktion aus Spanien, bis an einem Abend Anfang Februar, ich kann mich noch ganz genau daran erinnern. Mein Mann und ich saßen auf unseren Fernsehsesseln und schauten uns im Fernsehen einen Bericht an. Plötzlich, kurz nach 21 Uhr, klingelte das Telefon. Verwundert schauten wir uns an, normalerweise rief zu dieser Zeit bei uns in Deutschland niemand mehr an! Mein Mann nahm das Gespräch entgegen. Obwohl ich nur wenige Zentimeter neben ihm saß, verstand ich nur Bahnhof!
Aus seinem Gespräch konnte ich erahnen, es ging um Spanien! Ich wusste jedoch nicht, mit wem mein Mann da sprach. Am Ende des Gesprächs, es war auch der Name Antonio gefallen, teilte mein Mann dem Gesprächspartner, mit dem er übrigens Deutsch sprach, unsere Adresse und Faxnummer mit (Telefon.- und Faxnummer waren unterschiedlich, es gab bei uns noch kein ISDN!). Dann legte er auf und schaute mich mit großen Augen an.
Der Anruf kam aus Spanien, der Anrufer am anderen Ende der Leitung, Fred Wurst, so heißt er ab jetzt. Er sei der Bruder des Inhabers des Hauses, in dem wir Urlaub machen wollten und gemacht hätten. Ziemlich verworren! Für Sie? Für mich damals auch. Auf jeden Fall hätte er gehört, wir suchten ein Haus in Spanien, nicht um Urlaub zu machen, sonder um es zu kaufen! Fred Wurst erklärte, er hätte genau das Haus für uns gesehen! Da saßen wir nun in unseren Fernsehsesseln. Wir wollten im Juni dort Urlaub machen, nicht jetzt ein Haus kaufen! Mein Mann

berichtet dann, dieser Fred Wurst wolle uns Bilder schicken, es hieß also abwarten und erst mal ruhig bleiben. Immerhin, in der Ruhe liegt die Kraft!

Ich gestehe an dieser Stelle, der Gang zum Briefkasten in den nächsten Tagen war schon aufregend. Aber die Post aus dem Ausland dauert! Dann aber endlich, ein dicker Umschlag aus Spanien!

Gemeinsam öffneten wir ihn, lasen den Brief und schauten uns mit großem Interesse die Bilder an. Obgleich, viel konnte man nicht erkennen! Fred Wurst war nicht gerade das, was man einen guten Fotografen nennt!

Zwei Tage später rief er dann wieder an, wieder kurz nach 21 Uhr! Inzwischen kenne ich auch den Grund für diese späten Telefonate, einen Sondertarif mit der Telefonica. Jeden Tag, ab 21 Uhr, fünfzehn Minuten lang nach Deutschland telefonieren und einmalig €5,95 im Monat dafür bezahlen, Grund genug für einen Anruf um diese Zeit. Fred Wurst erklärte uns, es wären noch weitere Interessenten da für das Haus und es wäre wirklich ein Schnäppchen! Und er sagte auch, er würde uns das Haus sichern, wenn wir uns entschließen könnten bald zu fliegen!

Der Preis für das Objekt war in Ordnung, wenn wir auch eigentlich das Geld nicht wirklich zur Verfügung hatten, zu dieser Zeit.

Stundenlange Gespräche folgten, wir überlegten alle Möglichkeiten, diskutierten die Konsequenzen, überdachten das Für und Wider und kamen zu einem gemeinsamen Entschluss. Sollten wir unseren Wunsch wirklich realisieren wollen, dann wäre es jetzt die Gelegenheit dazu. Je länger wir warten würden, je teurer würden auch die Immobilien werden, noch dazu, wenn es sich bei diesem Objekt um ein Schnäppchen handelte.

Am nächsten Tag klärte ich zuerst, ob es Flüge nach Jerez gäbe, danach ob ich eine Woche Urlaub bekommen könnte. Kurz entschlossen, sei es uns in den Sinn gekommen, in Frühling nach Andalusien zu fliegen, erklärte ich meinen Kollegen und meinem Vorgesetzten, der natürlich einen Grund für die Änderung des Urlaubsplanes erfragte. Immerhin, es ist mit Arbeit für ihn verbunden gewesen, der Eintrag in die Liste musste vorgenommen werden und die oberste Leitung sollte durch eine Mail informiert werden! Den wahren Grund behielten wir für uns, die Kollegen sollten es auf keinen Fall erfahren.
Es klappte, mein Chef sagte ja, ein anderer Kollege war zu der Zeit nicht abwesend, es stand der Reise nichts mehr im Wege. Die Einzige, die wir informierten, war meine Mutter. Sie gab uns das bisschen Hoffnung mit auf die Reise, die uns so dringend fehlte, Hoffnung in Form einer Geldspritze, wenn es denn so kommen sollte, wie es kam!

Kapitel 2

Am 18. März 2000 startete unser Flieger, ab Hamburg via Barcelona nach Jerez de la Frontera, vielleicht ja in die neue Zukunft! Mit dem vorher bestellten Leihwagen legten wir auf halber Strecke, zwischen Flughafen und Chiclana, einen Stopp im Carrefour ein, wir wollten keine Zeit verschwenden, benötigen

aber Lebensmittel und standen dann gegen 21.30 Uhr vor dem Haus, das wir schon im letzten Jahr gemietet hatten. Dort wurden wir von Fred Wurst und seiner Frau, wir nennen sie mal Karla, empfangen. Für den nächsten Mittag verabredeten wir uns, sie wollen uns abholen, da wir uns ja nicht so gut auskennen.
Sie erklären uns den Zusammenhang, der sich zwischen dem Fax an Antonio und dem Anruf des Fred Wurst bei uns ergab! Antonio kümmerte sich um die zur Vermietung stehenden Häuser, die alle Fred Wurst's Bruder gehören! Aufgrund irgendwelcher Probleme, die es eigentlich in Spanien nicht geben soll, hatte Fred Wurst diese Aufgabe nun übernommen. In einem dieser Häuser stand das Fax, dessen Nummer wir auf der Visitenkarte des Antonio entdeckt hatten. Dort hatte also Fred Wurst unsere Anfrage auf einen Urlaub gefunden, sich bei Antonio informiert und die Chance auf einen ersten Kontakt mit uns, unter genau diesem Vorwand genutzt.
Auf dem Nachbargrundstück des von uns gemieteten Hauses steht eine weitere, dem Bruder gehörende Immobilie, die uns Fred Wurst ganz stolz präsentiert.

Bei der Besichtigung des Hauses wundern wir uns über die dänische Ausstattung, messen ihr jedoch keine Bedeutung zu. Später erfahren wir, zuerst war Dänemark die Anlaufstelle des Bruders, mehr Geld kann man aber in Spanien verdienen, da die Sonne erfahrungsgemäß öfter und länger scheint! So wurde das Haus in Dänemark kurzerhand verkauft, das Mobiliar nach Spanien transportiert und in das neue Haus gestellt, ob es passt oder nicht, spielte

hier keine so große Rolle. Es sollen sich ja nur Urlauber darin wohl fühlen.
Am nächsten Tag, wir waren total aufgeregt, treffen wir im Haus des Fred Wurst auf eine weitere, uns noch fremde Person. Man duzt sich, scheint sich gut zu kennen und der Fremde wird uns als Freund, er heißt Flo, vorgestellt. Ich denke noch, vielleicht ist er schnell von der Arbeit gekommen, hatte keine Zeit mehr, sich umzuziehen oder eine Dusche zu nehmen!
Gemeinsam verlassen wir Fred Wurst's Haus und gehen zu Fuß, nur einige Meter in die Parallelstraße, denn dort soll das zum Verkauf stehende Haus auf uns warten. Zuerst sehen wir eine hohe graue Mauer, eine trapezförmige Einfahrt und ein großes noch verschlossenes Tor, vor dem ein sympathischer Spanier bereits auf uns wartet. Der kleine, etwas füllige Herr wird uns vorgestellt mit den Worten: er ist der hier zuständige oberste Präsident! Wir konnten es uns nicht erklären, aber es war uns auch nicht wichtig, selbst wenn er der Präsident der Vereinigten Staaten gewesen wäre! Unser Haus! Das war wichtig!
Nun standen wir vor dem Haus, das unsere Zukunft bedeuten sollte! Es war ein unbeschreibliches Gefühl. Das Tor wurde aufgeschlossen, wir betraten das Grundstück. Hohes Gras, vertrocknet, der Rest, den wir von hier aus sehen konnten, hatte den Anschein eines sehr ungepflegten Gartens. Das Haus, es stand nun direkt vor uns, war fast quadratisch, vor langer Zeit weiß gestrichen, die Fenster vergittert, aber es war kaum älter als drei oder vier Jahre! Vorsichtig gingen wir einige Schritte

nach rechts und links, um einen ersten Eindruck der Gesamtansicht zu bekommen.

Wird es mal unser Haus werden?

Erregung und unbeschreibliche Neugier, dann wurde die Tür aufgeschlossen und wir konnten das Haus betreten. Die Tür, aus Eisen nicht aus Holz, zierte ein dicker Metallknauf in der Mitte.
Vorsichtig überquerte ich die Schwelle der Haustür, mit dem gleichen Gefühl, das eine Braut am Tage ihrer Hochzeit hat, wenn der eben Angetraute sie über die Schwelle in ihre Zukunft trägt.
Ich stand auf rot-schwarz-weißen Terrazzo-Platten, sie erinnerten mich an Blutwurst, gesprenkelt! Einen Flur gab es nicht, wir standen mitten im Wohnzimmer, was man hier Salon nennt. An der linken Wand ein rustikaler Kamin, der Rest des Zimmers voll gestellt mit

alten und zerschlissenen Möbeln. Seitlich versuchte ich einen Blick auf das Gesicht meines Mannes, ich wollte seinen ersten Eindruck in ihm ablesen. Ich schaffte es nicht, da er bereits eine bis dahin noch verschlossene Tür geöffnet hatte. Wir schauten auf etwas, das ich bis zu diesem Moment so noch nie gesehen hatte!

Blick in eines der Zimmer!

Es war ein kleines Zimmer, vielleicht neun Quadratmeter groß, mit folgendem Inhalt: ein altes rostiges Metallbett, hochkant an der Wand, ein alter Rasenmäher, ein von den Holzwürmern der letzten Jahrzehnte halb aufgefressener Schrank, einige Ölkanister, über dessen Inhalt ich lieber nichts wissen möchte, ein kleiner Engel, der sicherlich vor langer Zeit über einem Kinderbett seinen Platz hatte, einige Stühle, teils mit drei oder vier Beinen! Weitere Dinge erinnere ich nicht mehr so genau, betreten konnte man den Raum nicht, er war einfach voll gestellt! Der daneben liegende Raum sollte die Küche sein. An der Wand hing ein Gasboiler, in einer Ecke stand ein Kühlschrank, er lief, war also in Betrieb, total verrostet. Neugierig öffnete ich in einem unbeobachteten Moment die Tür, ließ sie jedoch ganz schnell wieder ins Schloss fallen! An der langen Wand des Raumes war eine Art Arbeitsplatte montiert, in der sich eine Spüle mit einem Wasserhahn befand. Den Teil unterhalb der Arbeitsplatte konnte man zum Glück nicht einsehen, da er durch einen schmutzigen Vorhang aus Stoff, der am vorderen Teil der Arbeitsplatte befestigt war, verdeckt war.

Blick in die Traumküche!

Zwei weitere Räume zeigten sich als Schlafzimmer. Einfache Betten und sehr viel Kinderspielzeug deuteten auf die ursprünglichen Benutzer hin. In dem nicht mehr als 4 qm großen Badezimmer befanden sich eine Sitzbadewanne, ein Bidet, eine Toilette und ein Waschbecken. Kaum zu glauben, was Experten so in einem kleinen Raum unterbringen können!
Ich kontrollierte die Fenster, öffnete den Wasserhahn und benutze die Wasserspülung der Toilette, alles funktionierte.
Danach verließen wir erst einmal das Haus und schauten uns auf dem Grundstück um. Ein Naturgarten oder besser gesagt, ein Ökogarten mit vielen Bäumen, hohem Gras und vielen Wildkräutern, urig und ungepflegt. Zahlreiche Ersatzteile verschiedener Autotypen lagen versteckt und über das hintere Grundstück verteilt herum, das immerhin über 1600 qm groß sein soll, wie viel qm es genau sind, weiß man bis heute nicht, aber, es ist in Spanien auch nicht ganz so wichtig, Sie können es mir gerne glauben, ich weiß, wovon ich spreche!

Langsam gingen wir zurück zum Haus, erst jetzt hatten wir Gelegenheit, einige Worte alleine zu wechseln. Eine einzige Frage formulierte ich: schaffen wir das? Das Grundstück gefiel uns, die Lage gefiel uns, das Haus war, soweit wir es sehen konnten, solide und ohne gravierende Mängel. Eine Macke an der Küchentür, etwas abgebröckelter Putz, kleine Fehler, die wirklich nicht wichtig waren. Aber die viele Arbeit! Mein Mann, er schaute weder

angespannt noch unsicher, er strahlte. Es gab nur eine Antwort, die ich jetzt erwartet habe, genau diese Antwort kam auch über seine Lippen: es ist viel Arbeit, aber das schaffen wir! Wir kehrten zurück zu den anderen.
Der Spanier, also der Präsident von „ist auch egal" teilte uns mit, das Haus sei eine Million Peseten teurer geworden! Für Sie, 1 Million Peseten sind heute 6.000 Euro! Die Preise steigen, sehr schnell, erklärte er uns und es gebe ja auch noch weitere Interessenten für das Haus!
Wir schauten uns an, überlegten kurz und baten dann, um eine Nacht Bedenkzeit. Am nächsten Tag wollten wir uns entscheiden!
Der Präsident und Flo verabschiedeten sich, wir gingen mit Fred Wurst und seiner Frau zu ihrem Haus zurück! Ich musste es jetzt wissen, wer war dieser Flo? Na ja, eigentlich ist er der Makler, aber er bekommt kein Geld für die Vermittlung. Wir kennen ihn sehr gut und er handelt nur für unsere besten Freunde, erklärte mir Fred Wurst! Na dann!
Den Abend verbrachten mein Mann und ich bei einer Flasche Rotwein und nicht enden wollenden Gesprächen. Alle Vorteile und natürlich auch alle Nachteile dieses Objektes wurden ausdiskutiert. Die Lage, mitten im Campo, so hatten wir es immer gewollt. Das Grundstück, schon groß, oder vielleicht doch zu groß? In Deutschland, bei uns zu Hause, bedarf es schon einer Menge Arbeit das Grundstück zu pflegen und wir hatten nur knapp über 1000 qm. Die viele Arbeit, die wohl, das muss man anerkennen, überwiegend auf den Schultern

meines Mannes lasten würde, war sie zu schaffen?
Wollten wir noch mal bei Null anfangen? Oder lieber warten, auf ein anderes Objekt? Auf einem Zettel wurden alle Fragen notiert, die für uns wichtig waren und auf alle Fälle noch geklärt werden mussten. Erstaunlicherweise schlief ich in dieser Nacht ganz ruhig, entspannt und tief durch bis zum nächsten Morgen. Nach einem entspannten Frühstück machten wir uns auf den Weg zu Fred Wurst und seiner Frau.
Vor uns auf dem Tisch lag mein Zettel mit allen Fragen, für die ich jetzt eine Erklärung einforderte. Was hatte dieser Flo mit dem Hauskauf zu tun? Fred Wurst versuchte umständlich zu antworten, na ja, es ist ein Makler, aber natürlich nicht offiziell, er arbeitet nur für gute Freunde, meine Aussage von gestern, war wohl nicht ganz richtig. Wir werden hellhörig! Also 6000 Euro mehr, weil die Preise gestiegen sind, für das Haus und, das ist die letzte Information, 3 % für den Makler, na ja, in Deutschland zahlt man viel mehr für einen Makler. Hinzu dann noch die Kosten für die Grundbucheintragung und den Notar. Wir rechneten und rechneten, immer das Ziel unserer Zukunft vor Augen. Dann fiel der gemeinsame Entschluss: ja, wir kaufen das Haus! Fred Wurst übernahm es, den Makler Flo zu informieren. Der wiederum informierte den Präsidenten und am nächsten Morgen wollte er uns treffen, um den Vertrag zu schließen.
Den Nachmittag verbrachten wir, nicht wie Sie denken am Pool, nein, in zahlreichen Möbelhäusern der Stadt! Wir suchten: ein Esszim-

mer, eine Küche, Möbel für den Salon und für das Schlafzimmer! Es gab und gibt viele Möbelhäuser in Chiclana, sehr viele!
Von Haus zu Haus liefen wir und informierten uns, schauten Möbel an, vergleichen Preise. Diverse Angebote lagen zum Ende des Tages auf dem Tisch neben einer weiteren Flasche Rotwein und einigen Tapas. Dieser Tag ging zu Ende, wir waren erschöpft, aber glücklich, zu einem gemeinsamen Entschluss gekommen zu sein.

Am nächsten Morgen, wir hatten uns für den bevorstehenden Notartermin etwas besser angezogen, trafen wir uns, wie verabredet, mit dem Präsidenten in der *Venta* am Ende der Straße. Der Makler, dieser Flo, war auch anwesend, zum Übersetzen.
Der Präsident bestellte für uns *Café con leche*, einen Kaffee mit Milch, den trinken wir heute noch am liebsten! Nach einer guten halben Stunden und viel Spanisch warte ich immer auf den Aufbruch! Wann wohl der Termin beim Notar sein wird? Nach einer Stunde erklärte mir, nachdem ich gefragt habe, Flo: nein, der Vertrag wird hier geschlossen, nicht bei einem Notar! Er erklärt es in einer Art und mit einem Ton, als hätte ich es wissen müssen! Allerdings erkennt Flo an meiner Reaktion, mein Unbehagen und mein Unverständnis über den weiteren Verlauf.
Der Präsident macht es mit Absicht hier in der Bar, jeder kennt ihn und wird sich daran erinnern, erklärt Flo. Niemals würde ein Spanier etwas tun, noch dazu in der Öffentlichkeit, was nicht mit rechten Dingen zugine. Und das mir! Ich habe es vielleicht nicht erwähnt, aber ich

bin Bankkauffrau! Und nun sollte ich einen Kaufvertrag für ein Haus in einer Bar schließen? In meinem Magen machte sich ein Gefühl des Unbehagens breit. Noch war Zeit genug. Noch könnten wir einfach aufstehen und die Bar verlassen. Noch war nichts passiert. Aber das Haus ist schön, besser gesagt, es wird schön werden. Mein Mann versuchte mich zu beruhigen. Wir sind in Spanien und nicht in Deutschland auf deiner Bank.
Zunächst musste ich nun geklärt haben, wie die Bezahlung dieses Geschäftes erfolgen soll!!
Üblich ist eine Anzahlung, den nächsten und größten Teil darf ich von Deutschland aus überweisen, der Rest, das beruhigt dann auch wieder ein Bankerherz, wird erst nach Vertragsunterzeichnung beim Notar fällig. Den Verbleib eines Betrages, der per Überweisung getätigt wird, kann man auch später noch nachvollziehen, diese Tatsache stimmt mich etwas ruhiger.
Es fällt keinem der Anwesenden auf, dass mein Mann und ich einen Moment länger überlegen, als wohl üblich, besser, als ein Spanier es täte. Jetzt haben wir für Flüge, die Unterbringung im Haus und das gemietete Auto schon knapp 1.300 € investiert, sollte es umsonst gewesen sein? Nein, wenn es der Präsident ist und dazu noch in der Öffentlichkeit ...
Meine Angst wurde von einer lustigen Geschichte unterbrochen. Der Postbote kam in die kleine Bar. Nichts Besonderes? Doch, hinter meinem Stuhl waren etwa 60 Briefkästen angebracht, es war mir noch gar nicht aufgefallen. Der Postbote warf nun, er hatte einen

Riesenstapel Post im Arm, einen Brief nach dem anderen in die Kästen!

Flo sah meine Blicke, er erklärte mir, das ist hier so üblich. Ihr müsst euch auch gleich einen Kasten kaufen und hier anbringen, regte er an! So geschah es später auch! Im Campo, also auf dem Land, wird noch heute die Post in die Briefkästen in den kleinen Bars zugestellt. (Wir haben uns später auf dem Postamt ein Schließfach gemietet, es war so viel Post verloren gegangen.)
Die kleine Aufmunterung hatte uns gut getan: wir unterschrieben! Nun waren wir stolze Besitzer eines Hauses in Spanien! Mit dieser Unterschrift waren wir unserem Ziel einen großen Schritt näher gekommen. Wir verließen die Venta, glücklich und trotzdem noch immer verunsichert. Mit jeder Stunde die verging, wuchs das Glück und die Angst wich zurück.
Jetzt begann der Stress! Die folgenden Tage zeichneten sich durch ein volles Programm aus. Zuerst erhielten wir aus den Händen des Präsidenten ein riesiges Bandmaß, einige Zettel Papier und sogar einen Bleistift, nicht zu vergessen, die Schlüssel zu unserem Haus, wenn auch nur vorübergehend. So ausgestattet fuhren wir noch am gleichen Nachmittag in das Haus um die Maße zu nehmen. Der Salon, die Küche und das „Müllzimmer", das später unser Esszimmer werden sollte, wurden genau vermessen und die Daten zu Papier gebracht. Damit machten wir uns auf den Weg in die Möbelhäuser. Eines dieser Häuser hat uns besonders gut gefallen, es liegt mitten in einem Industrieteil Chiclanas. Eigentlich

gleicht es den Möbelhäusern in Deutschland, jedoch nur auf den ersten Blick. Alle ausgestellten Möbel kann man in allen verfügbaren Hölzern bestellen, nicht, wie in Deutschland, Model A nur in Eiche, Model B nur in Kirsche, u. s. w. Wir hatten uns schon bei den ersten Besichtigungen für Möbel aus Pinie entschieden, es ist ein für Spanien typisches Holz, das auch mit den klimatischen Bedingungen gut umgehen kann. Unser kleiner Salon wurde mit einer Vitrine und einem Fernsehtisch, zwei Sofas und einem dazu passenden Tisch ausgestattet. Für die kleine Ecke, die zwischen den beiden Sofas entsteht, kauften wir einen kleinen runden Tisch, der genau wie der große Tisch mit einer Glasplatte versehen war.

Das Esszimmer wurde mit einem großen massiven Esstisch ausgestattet, dazu sechs Stühle und eine Anrichte für das Geschirr.

Außerdem brauchten wir Möbel für das Schlafzimmer, auch hier entschieden wir uns für Pinie, dunkel gebeizt. Wir bestellten ein Bett, in den typischen spanischen Maßen 135 x 190 cm, es handelt sich hier um ein Doppelbett! Dazu zwei passende Nachttische und einen Schrank.

Eine interessante Erfahrung machten wir, als es um die Bezahlung ging. Die Möbel waren natürlich nicht sofort lieferbar, wir hätten sie auch nicht stellen können, wohin auch? Wir vereinbarten, dass das Bett zu Beginn unseres Urlaubs im Juni geliefert werden sollte. Wir leisteten also eine Anzahlung, die in etwa den Preis des Bettes deckte. Die Verkäuferin erklärte uns, es gäbe ein Geschenk für die Bestellung, wir erhielten ein passendes Kopfkissen in den Maßen 135 x 40 cm. Tolle Sache, wir freuten uns. Dann kam das zweite Geschenk. Wir sollten, wenn wir im Juni wieder in Chiclana wären, den Rest der Rechnung in jedem Fall in BAR bezahlen, um so ein weiteres kleines Geldgeschenk als *Descuento* zu erhalten! Die Summe entsprach sicherlich nur rein zufällig der Höhe der Mehrwertsteuer! Auch das ist hier so üblich, die Geschäfte bieten es guten Kunden an.

In einem kleinen Geschäft, ganz in der Nähe, hatten wir bei unserem ersten Rundgang eine sehr große Auswahl an Gardinenstoffen entdeckt. Dicke Stoffe, wie ich sie in Deutschland noch nie gesehen hatte, in den unterschiedlichsten Farben und mit den aufwendigsten Mustern standen zur Auswahl.

Ein heller Stoff sollte es sein, beige oder sandfarben, die Maße der Fenster hatten wir notiert, die erforderliche Meterzahl berechnete die außerordentlich hilfsbereite Verkäuferin. Sie machte uns auch den Vorschlag für einen passenden Store. Die einzelnen Teile waren entsprechend zu Recht geschnitten, dann wurden sie vorsichtig in einen großen Karton verpackt. Ich wollte die Stoffe mit nach Hause nehmen, meine Mutter hatte sich angeboten für mich die Gardinen zu nähen. Es war diesmal wirklich kein Problem, da wir nicht viel Gepäck hatten, die insgesamt 40 kg für den Flieger waren noch nicht erreicht.

    Für die schwierigste Aufgabe hatten wir uns Unterstützung eingefordert, der Kauf der Küche. Schon in Deutschland ist es eine Herausforderung, aber in Spanien für uns?

Für diese aufregende Sache kam Flo uns zu Hilfe. Gleich nach Öffnung des Geschäftes schwirrten wir also zu Dritt ein. Mein Mann hatte die Maße der Küche auf Millimeterpapier gebracht, es konnte losgehen. Zuerst die Holzfarbe, wir waren uns wie immer einig, es sollte ein heller Ton sein. Dazu suchten wir die passenden Griffe aus, freuten uns aber über einen Hinweis des Verkäufers, die Griffe doch im gleichen Marmor wie die Arbeitsplatte zu bestellen. Eine Arbeitsplatte aus Marmor! Wie das schon alleine klang: Marmor. In Deutschland hätte ich mir eine solche Arbeitsplatte nie leisten können, daher war ich unentschlossen und verunsichert. Wir schauten die vielen Marmor und Travertin Muster an und fällten dann unsere Entscheidung, ohne eine Vorstellung über den Preis zu haben. Der Verkäufer wollte nun wissen, welche Elektrogeräte wir in die Küche einbauen lassen wollten. Nun, da waren der Kühlschrank mit Froster, die Geschirrspülmaschine, ein Backofen, ein Gaskochmulde und eine Dunstabzugshaube. Ganz feste Vorstellungen hatte ich über jedes Teil, der Kühlschrank, es sollte ein Kühlkombi, also oben Kühlschrank und unter Froster sein, außerdem musste er Glasplatten haben und durch zwei getrennte Motoren gekühlt werden. Die Kochmulde sollte mindestens fünf Kochfelder haben, der Herd darunter aber auf jeden Fall elektrisch betrieben werden. Ach, und die Spüle, ich wollte eine ganz bestimmt Form haben, so hatte ich es in einem Prospekt gesehen. Stellen Sie sich vor, Sie kommen mit all diesen Wünschen in ein Geschäft in Deutschland! Und dann erst hier! Mein Mann

hatte auch noch Wünsche, die Schubladen sollten Vollauszüge haben und dann begann es. Der Verkäufer ging mit uns gemeinsam durch die Ausstellung der vielen Küchen. Wir beratschlagten hier und begutachteten dort, das gefiel, das auf keinen Fall. Dann entschuldigte sich der Verkäufer, wir bekamen einen Café und sollten uns noch etwas umsehen, vielleicht zwanzig Minuten. In dieser Zeit brachte Miguel, so hieß der Verkäufer, alles zu Papier. Kleinigkeiten wurden danach diskutiert, eine Eckvitrine sollte eine Glastür bekommen, zehn verschiede Glasarten standen zur Verfügung. Soll die Tür einen Linksanschlag bekommen, bekommt der Kühlschrank eine Holzverkleidung? Viele Details wurden geklärt, ganz zum Schluss hatte ich eine dreidimensionale Zeichnung in Händen. Ich reklamierte einen Abschluss, den ich gerne mit einem offenen Rundbord versehen haben wollte. Jeder meiner Wünsche wurde erfüllt, es gab keine Ausrede, keine Ablehnung, kein: eventuell.
Nun fehlte aber immer noch der Preis! Es dauerte wieder etwa eine halbe Stunde, dann war es soweit. Es war kurz vor zwei Uhr als wir den *Presupuesto*, den Kostenvoranschlag, in den Händen hielten. Nun passierte etwas, was ich mir nicht erklären konnte. Flo bedankte sich, stand auf und forderte uns auf zu gehen! Ungläubig folgten wir ihm.
Draußen, vor dem Geschäft, ich konnte kaum noch an mich halten vor Neugierde, dann die Erklärung. Man dürfe nicht gleich zusagen, nun machen wir erst mal Pause. Flo schlug vor, etwas trinken zugehen, dazu eine kleine Tapa,

anschließend, um fünf Uhr öffnet das Geschäft wieder, wird man über den Preis verhandeln. Hier sei angemerkt es ist zwei Uhr als wir den Laden verlassen. Um fünf Uhr öffnet er wieder, also ausreichend Zeit um eine Kleinigkeit zu trinken und zu essen. Andere Länder, andere Sitten. Wir tranken und aßen und waren gespannt, auf den Ausgang dieser angekündigten Verhandlungen.

Kurz nach fünf Uhr verließen wir schon etwas träge die Bar und kehrten in den Küchenladen zurück. Miguel freute sich, uns wieder zu sehen. Vielleicht kehren nicht alle Kunden zurück? Ich weiß es nicht. Flor versuchte den Preis zu drücken, zuerst um 200.000 Peseten. Miguel würde dabei in Armut gleiten, erklärte er uns. Nach einer Stunde waren wir bei 100.000 Peseten angekommen und Miguel war glücklich, wir natürlich auch. Außerdem bekamen wir noch ein Geschenk, es würde mit der Küche zusammen geliefert werden, eine Küchenuhr!

Bei allen Händlern und Läden hinterließen wir Flo's Telefonnummer, denn er wollte sich um alles kümmern, toll, wenn man so jemand kennt, sagten wir damals noch! Hätten wir gewusst, was noch passieren sollte, hätten wir das Haus vielleicht nie gekauft. Dann würden wir vermutlich aber heute auch noch in Deutschland leben.

Am nächsten Tag setzten wir unseren Einkauf fort. In einem großen und sehr guten Fachgeschäft suchten wir uns Fliesen aus, für den Boden im Haus, denn mit der Blutwurst konnte ich mich nun wirklich nicht anfreunden. Außerdem mussten die Wände in der zukünftigen

Küche neu gefliest werden. Flo wollte auch diese Aufgabe übernehmen, ob alleine oder mit einer Hilfe war uns egal, er erklärte uns, es wären nicht die ersten Fliesen, die er verlegen würde. Ich wünschte mir eine Durchreiche, die das neue Esszimmer und die Küche verbinden sollte. Eine Aufgabe, geschaffen wie für Flo, erklärte er uns. Sein Vorschlag, einen Rundbogen einzusetzen war genial, so sollte es gemacht werden.
Nach den abgeschlossenen Arbeiten in der Küche sollte dann die Firma die bestellten Küchenmöbel einbauen. Flo hatte alle Fäden in der Hand und sagte immer wieder: „Macht euch keine Sorgen, ich kümmere mich darum! Die Wände müssen gestrichen werden, weiß natürlich, die Fliesen verlegt werden, der Durchbruch kommt und im Juni könnt ihr dann euren ersten Urlaub im eigenen Haus verbringen."
Es kam aber alles ganz anders! Ich bin wirklich froh, dass ich es damals noch nicht wusste, wie es weiterging...
Ach ja, Fred Wurst und seine Frau, sie wollten auch immer nach dem Rechten sehen! Wir hatten also genug zuverlässige Leute, die uns beistehen konnten!

Die Woche in Spanien ging vorbei, schneller als uns lieb war und die Arbeit in Deutschland hatte mich schnell wieder! Gleich am ersten Morgen empfing mich meine Kollegin mit den Worten: na, habt ihr euch ein Haus gekauft? Ich blieb gelassen, bejahte, nahm damit die unmittelbare Neugier und konnte in Ruhe nachdenken, was ich davon erzählen sollte! Es waren doch Banker! Ich traute mich nicht,

meinen Kollegen zu erzählen, ich hätte ein Haus gekauft es mit einem Vertrag in einer Bar besiegelt. Zum Glück hatten wir sehr viel zu tun und somit nicht die Zeit über unsere Reise zu sprechen.
Ostern stand vor der Tür! In Spanien das Fest der *Semana Santa*, der heiligen Woche. Die Spanier feiern dieses Fest, überall in Andalusien und so auch die Familie, die wohl noch in unserem Haus lebte! Die erste Schreckensbotschaft aus Spanien! Wieder an einem Abend kurz nach 21 Uhr, wegen des Tarifs, rief Fred Wurst an. Regelmäßig sehe er nach dem Rechten in unserem Haus, natürlich nur von außen, denn einen Schlüssel hatte er nicht, nur Flo. Mindestens zehn Spanier hätten die gesamten Feiertage ein Gelage in unserem Haus abgehalten! Laute Musik und Schreie wären zu hören gewesen, eine richtige Orgie!
Wir waren natürlich fix und fertig. War es ein Fehler, dieses Haus gekauft zu haben? Waren wir Betrügern in die Falle gegangen? Die kommenden Nächte waren sehr unruhig, Alpträume suchten mich heim. Flo hatte uns seine Telefonnummer mitgeteilt, ein Handy, aber wir erreichten ihn unter dieser Nummer nicht. Drei Tage lang, ohne Erklärung! Dann wieder Fred Wurst: nun sind sie weg und das Haus steht leer. Aber Flo wollte doch arbeiten? Wir baten Fred Wurst sich doch mal nach Flo umzusehen, ob er wohl schon arbeiten würde in unserem Haus. Ihr wolltet uns doch helfen, bat ich und dachte, bisher habt ihr uns nur Angst gemacht! Ja, das tat Fred Wurst auch, er rief jeden Abend an und machte uns noch mehr Angst! Zuerst waren die Leute beim Feiern, dann

waren es plötzlich ganz viele Hunde, die schrecklichen Lärm machten! Aber, wir sind 3000 km entfernt, wir können nicht mal eben nach Spanien fliegen um dort nach dem Rechten zu sehen! Dann endlich, am vierten Tag nach der Schreckensbotschaft ruft dieser Flo an:
„Macht euch keine Sorgen! Die Karla, also Fred Wurst Frau, die ist schon etwas sonderbar. Ja, die alten Eigentümer waren noch mal hier. Haben aufgeräumt und ihre Sachen gepackt. Hunde, davon weiß ich nichts. Macht euch keine Gedanken, es ist alles in Ordnung!"
Ich denke gerade wieder an die Kurven, rauf und runter, es hatte sich nicht geändert!
Es kamen noch viele dieser Anrufe von Fred Wurst und seiner Karla! Und es folgten auch viele Anrufe des Flo! Immer wieder wurden wir durch Fred Wurst verunsichert und durch Flo beruhigt. Eine sehr anstrengende Zeit bis zu unserm Urlaub folgte. Bei einem dieser Anrufe auf dem Handy des Flo meldete sich ein unbekannter Mann, er hieß Ravi und kam aus Ravensburg.
Dieser Ravi schafft bei euch, ja, er fliest die Küche, erklärte dann Flo, er ist gelernter Fliesenleger. (Kurve rauf!) Mein Mann und ich beschlossen, uns von nun an uns keine Sorgen mehr zu machen. Ändern konnten wir es nicht, nicht jetzt und nicht von hier. Der nächste Urlaub im Juni stand vor der Tür. Dann würden wir ja sehen, was mit unserem Haus, unserer Zukunft so los ist! Wie Recht wir behalten sollten!

Einige Tage vor unserem geplanten Urlaub rief Flo an. Dringend benötigte er Geld, wir sollten ihm 500 DM schicken, für Material.
Einen Versuch startete ich auf der Post, eine Geldanweisung über Western Union, erhielt jedoch auf die Frage eine für mich nicht zufriedenstellende Antwort. Ein schneller Geldtransfer wäre möglich, über eine Firma, oder Bank, die angeblich für die Deutsche Post arbeiten sollte, mir aber total unbekannt war. Flo musste warten, bis zu unserem Erscheinen.

Kapitel 3

Die Zeit bis zu unserem Urlaub verging wie im Fluge. Der 31. Mai, mein letzter Arbeitstag, kam schneller als erhofft, da wir so viel zu erledigen hatten, es war so viel vorzubereiten. Immerhin hatten wir nun ein Haus in Spanien, aber außer einer Küche und einem Bett eigentlich nichts. Berge von Kartons und Tüten stapelten sich in einem Raum im Obergeschoß unseres Hauses in Deutschland. Geschirr und Bestecke, für die ersten Tage für uns, später wollten wir uns Vorort neu eindecken, mit allem Nötigen. Der Wagen wurde beladen und dann kam, was uns wieder bevorstand, die Reise mit dem Auto, die 3000 km nach Chiclana. Aber, wir wollten schlauer sein, als bei der letzten Fahrt. Wir starten am Abend gegen 20.30 Uhr. Die einzige Erinnerung an den ersten Teilabschnitt der Reise ist und bleibt Paris! Ohne viel Verkehr passierten wir die Metropole in nur zwanzig Minuten und waren

total stolz auf uns! Kurz vor ein Uhr am Mittag erreichten wir unser erstes Ziel: Biaritz. Hier hatten wir uns in einem dieser sehr sauberen, nur für die schnelle Übernachtung gedachten, Hotels einer bekannten Kette ein Zimmer reserviert. Unser Auto, ein Opel Vectra, der bis auf den letzten Millimeter vollgepackt war, stand vor der Auffahrt. Leider wird die Frage nach einer Tiefgarage verneint! Den Vorschlag, den Wagen zu entladen, aus Sicherheitsgründen, müssen wir leider ignorieren. Es hat Stunden gedauert, die vielen Teile so in diesen Wagen zu bekommen! Wir entschlossen uns, unser Auto auf den ersten Parkplatz, der dem Eingang am nächsten ist, zu parken. Nach einer kühlen Erfrischung, einer Kleinigkeit zu essen, wir hatten genügend Proviant für die Reise mitgenommen und einer Dusche geht es dann ins Bett! Etwas aus der Flimmerkiste, dann wird geschlafen, es ist kurz vor 20 Uhr. Unsere Absprache für diese Nacht, wer zuerst wach wird, weckt den Partner. So geschah es dann um 0.30 Uhr in der Nacht. An der Rezeption, die zum Glück durchgehend besetzt war, buchen wir eine Übernachtung für die Rückfahrt. Das Ziel soll dann aber ein anderes Hotel dieser Kette, nördlich von Paris sein. Der Rezeptionist wundert sich schon etwas über uns! Sicherlich kommt es nicht so häufig vor, dass Gäste mitten in der Nacht die Rechnung verlangen um abzureisen.
Eine Fahrt durch die Hitze des Mittags wollten wir uns ersparen, fahren deshalb lieber in der Nacht.
Kurz vor 7 Uhr am nächsten Morgen suchten wir uns eine Möglichkeit für eine geeignete

Pause. Es bietet sich eine moderne Raststätte an, wir nehmen einen Café und etwas Saft zu uns. Wir hatten Cordoba erreicht. Flo, der nicht so genau wusste, wann er mit uns zu rechnen hat, reagiert etwas erstaunt über unseren Anruf, aus dem er erfährt, dass wir voraussichtlich gegen Mittag Chiclana erreichen werden.
Tatsächlich fahren wir um 12.30 Uhr auf unser Grundstück! So weit es möglich ist! Mein Mann und ich saßen im Auto, wir trauen uns nicht auszusteigen. Wir schauten auf einen Riesenberg Müll und Schutt! Der Eingang ist teilweise verdeckt, aber die Tür steht offen und es drang laute Musik zu uns. Neugierig angelockt vom Motorengeräusch schaute Flo aus der Tür. Er begrüßte uns überschwänglich, im Mundwinkel eine Zigarette, in der Hand eine Flasche Bier! Er trug eine kurze Shorts, die mit Farbflecken übersäht war. (Kurve rauf, er arbeitet!) Ein Blick auf den Müllberg ließ Fliesen erkennen, sie waren an der Wand der ehemaligen Küche. Außerdem lagen dort alte Möbel und, fast hätte ich gesagt Hunderte, jede Menge leere Bierflaschen!
Vorsichtig betraten wir gemeinsam unser Haus, unsere Zukunft, unseren ganzen Stolz, der jedoch auf ein Minimum reduziert wird, bei dem Anblick auf das Innere des Hauses.

Ein Blick auf unsere Zukunft…….

Der erste Blick fiel auf die Wände im Salon, in den man gelangt, wenn man die Tür passiert hat. Die Wände sind frisch gestrichen, weiß. Einige Fliesen sind bereits in der Küche verlegt worden, an der Wand, die der Durchreiche gegenüberliegt. Der Durchbruch zu dieser geplanten Durchreiche ist zwar vollzogen, aber mehr auch nicht. Steine sind herausgeschlagen worden und der Putz ist weiträumig abgeplatzt. Mein Mann beruhigt mich, das sei normal und nicht bedenklich. Von unserer Küche kein Zeichen, kein Hinweis! Vorsichtig schaute ich weiter und entdecke in dem Zimmer, das mal unser Schlafzimmer werden soll, oh Wunder, unser Bett! Auch diese Wände sind gestrichen worden, jedoch nicht in weiß, sondern in beige, einer Spezialmixtur des Flo, aus Farbresten! Es geht mir gleich viel besser, ich darf die erste Nacht in einem Bett schlafen und nicht auf dem Boden! Flo erklärt uns, es sei heute Morgen angeliefert worden. Er ist total begeis-

tert, es hat doch toll geklappt! Mein Mann kann sich kaum zurückhalten, vor Freude! Er schäumt vor Wut, versucht aber noch ruhig zu bleiben.
Wir wollten in unserem Haus vier Wochen Urlaub machen. Aber wie? Ohne Küche, ohne Möbel, in Schutt und Müll? Der große Haufen vor dem Haus, erklärt uns Flo, sind die Reste der alten Möbel und natürlich die abgeschlagenen Fliesen aus der Küche! Ich gehe ins kleine Bad und erhalte den nächsten Schreck (jetzt wäre die Kurve ganz unten!). Wir haben nur kaltes Wasser, der Gasboiler ist abgebrannt, dafür aber Sand! Sie werden sich fragen, wie Sand? Sand im Wasser! Es knirscht, wenn man sich die Hände wäscht. Die kleine Minibadewanne ist als Kühlschrank für Bier umfunktioniert worden. Eine dünne Sandschicht bedeckt den Boden!
Flo erklärt uns, die Ursache ist der Brunnen. Wenn nicht regelmäßig Wasser gepumpt würde, das wäre ja hier der Fall gewesen, das Haus sei ja nicht regelmäßig bewohnt gewesen, dann könne sich schon mal Sand im Wasser befinden. Kein Problem, wir müssen nur Wasser laufen lassen, ganz lange! Der Brunnen spült sich frei! Macht euch keine Sorgen!

Ein ganz besonderer Kühlschrank

Niemals wäre ich auf die Idee gekommen, auf diese Weise Wasser zu vergeuden. Wasser ist ein Lebensmittel und Wasser ist, ganz besonders auch in den heißen Ländern, knapp!
Nachdem das Auto entladen war, wir benötigten dringend Abstand von Flo, fuhren wir nach Chiclana. Miguel, der Chef der Küchenfirma, begrüßte uns und ist überglücklich, denn die Küche kann geliefert werden. Am kommenden Montag sollte es losgehen, es war Freitag, also noch eine Menge Arbeit, die vor uns lag. Der nächste Halt, fast gegenüber, war ein Fachgeschäft für Innendekorationen.

An diesem Vormittag bestellten wir in dem Geschäft, in dem ich bereits die Stoffe kaufte, Gardinenstangen. Wir erhalten die Auskunft, es dauert etwas, da sie bei dieser Länge angefertigt werden müssten. Es soll circa zehn Tage dauern, ich dachte und hoffte, dass das

Haus bis zu dem Zeitpunkt schon bereit sein wird für Gardinenstangen!
In einer kleinen *Venta* gönnten wir uns einen Café, mein Mann, schon etwas ruhiger geworden, versuchte nun mich wieder auf Null zu bringen. Das wird schon werden! Das wird der Spruch werden, der neben der Aussage: kein Problem, in Zukunft unser Leitspruch werden wird!
Als wir in unser Haus zurückkehrten fanden wir einen Strauß Nelken vor, sie standen in einem leeren Farbeimer mitten im Salon! Wir schauten uns schon etwas verwundert an, Nelken! Es stellte sich heraus, Fred Wurst und seine Frau waren die Spender. Heute würde ich in der gleichen Situation sicherlich sagen: typisch Deutsch! Aber damals, war ich eigentlich nur verwundert.
Jetzt begann unser Urlaub! Es sollte eine schwierige Aufgabe werden, viel Arbeit wartete auf uns, dennoch waren wir voller Elan und hatten gute Laune.

Betritt man ein Haus, so kenne ich es, steht man auf dem Flur, so sollte es auch bei uns sein. Es musste also eine Mauer her! Sicherlich kann man eine Mauer nicht bestellen, wie einen Schrank, es begann mit Planung. Der Platz war vorhanden, wir stellten jedoch fest, dass es verschenkter Raum wäre, würde man die Wand, die jetzt den Abschluss bildete, so belassen. An ihrer Hinterseite befindet sich das Schlafzimmer, welches sehr eng bemessen ist. Die Experten, dabei mein Mann, beschlossen die Trennwand zu entfernen und durch das Setzten einer neuen Wand

dem Schlafzimmer etwas mehr Raum zu verschaffen. Leider hatte die Sache einen Haken: es sollte ein neuer Träger gesetzt werden, etwa in zwei Meter Höhe, um zusätzlichen Stauraum zu schaffen. Wieder wurde beratschlagt und diskutiert, die Männer kamen zu einem grandiosen Resultat: die Wand wird, bis zur für den Schrank erforderlichen Höhe, um 60 cm versetzt, dadurch entsteht eine Art Butze, in die unser Schrank gestellt werden wird. Auf der anderen Seite, die Seite die mal der Flur werden wird, sollte der obere Teil durch Holztüren verschlossen werden, so hätten wir zusätzlichen Stauraum für Koffer oder andere sperrige Teile, die man nicht so oft benötigt. Ich finde, wir sind genial!
Die Tür wurde mit feuchten Tüchern und Plastik, so gut es möglich war, verschlossen. Im zukünftigen Schlafzimmer stand Flo mit einer Flex. Sein Äußeres erinnerte an einen Taucher oder an einen Außerirdischen! Die Augen waren hinter einer Schutzbrille aus Plastik versteckt, er trug einen Mundschutz und eine kurze Hose, der Oberkörper wurde von einem alten Shirt teilweise bedeckt. "Die Spiele konnten beginnen!" Die Prozedur dauerte, es machte einen Höllenlärm und nachdem Flo das erste Mal um eine Pause bat, war er vor lauter Staub, der ihn zentimeterdick bedeckte, nicht mehr zu erkennen.
Zum Schluss wurden die angeritzten Mauerteile mit einem Hammer aus der Wand geschlagen. Es war geschafft, aber es war eine Riesensauerei, das ganze Haus lag unter einer Staubschicht, die zum Glück nach und nach,

zumindest teilweise, durch den Wind nach draußen befördert wurde. Spanisch!!

Vorrangig sollte nun die Küche fertig werden, da ja am Montag die Möbel geliefert und eingebaut werden sollten.
Der Durchbruch zwischen Küche und Esszimmer musste verkleidet werden, die Küche fertig gefliest werden.
Aber es gab noch weitere Arbeiten, die auf dem großen Urlaubszettel standen: im ganzen Haus sollen neue Bodenfliesen verlegt werden, in allen Zimmern wurden am Abschluss, zwischen Decke und Wand, so genannte *Molduras*, gesetzt. In Deutschland bezeichnet man es wohl als Stuck. Diese *Molduras* haben eine Länge von einem Meter und sind aus Gips!
Die in Andalusien üblichen und wunderschönen *Rejas*, also Gitter vor den Fenstern mussten dringend gestrichen werden. Außerdem sollten wir uns um das Problem Sand im Wasser kümmern!
Der erste Tag der Arbeit neigte sich dem Ende. Unser erster Urlaubstag. Der erste richtige Tag in unserem neuen Zuhause, wenn auch nur für die Zeit des Urlaubs. Zu Fuß gingen wir den kleinen *Camino* entlang, ein Sandweg, wenig befestigt, durchzogen mit zahlreichen Löchern wie ein Schweizer Käse. Dort lag die *Venta*, die Bar, in der wir unseren Kaufvertrag geschlossen hatten.
Wir bestellten uns einige *Tapas*, diese kleinen Leckereien des Landes, dazu kalte Getränke.
Flo erschien. Begleitet wurde er von einem uns unbekannten Mann. Er wird uns als Ravi, der Fliesenleger, vorgestellt. Eigentlich hätte er nun keine Zeit mehr für uns zu arbeiten, erklär-

te er uns. Es gäbe da noch einen anderen Deutschen, für den er „schaffen" müsste!
Das uns noch nicht einmal vier Wochen bis zu unserer Abreise blieben, schien ihn nicht sonderlich zu beunruhigen. Außerdem hätte die Küche doch bereits bei unserer Ankunft fertig sein sollen! Was nun folgte, würden wir eine Art endloser Diskussion nennen. Glücklicherweise erringen wir einen Teilerfolg. Ravi versprach, morgen ginge die Arbeit weiter.

    Die erste Nacht im eigenen Haus! Stelle man sich diese Situation vor. Ein neues Haus, in Spanien, in Andalusien! Ein wirklicher Traum. Für uns auch, aber ein Alptraum. In dem kleinen Zimmer, das für die nächsten Wochen unseres Urlaubs unser Schlafzimmer war, standen am Boden einige nicht typische Dinge: eine Kaffeemaschine, einige Pappteller, zwei Messer, zwei Gabeln, zwei Löffel, zwei Porzellanbecher und einige Plastikbecher! Ein geöffneter Koffer lag unter dem Bett, er war der Ersatz für den noch fehlenden Schrank. Unsere Kleidung war sehr „Speziell". Tagsüber trugen wir leichte Teile, die zu unserem Arbeitsoutfit degradiert wurden. Ein Kleid aus Baumwolle in orange begleitete mich die nächsten Wochen täglich. Nach getaner Arbeit wurde es durch etwas Seifenwasser gezogen, zum Trocknen gehängt und am nächsten Morgen kam es wieder zum Einsatz.
Mein Mann trug ein Shirt und eine kurze Hose. Ich darf dabei kurz daran erinnern, wir hatten Sommer in Spanien! Die Sonne stand hoch am Himmel, Temperaturen unter 35° im Schatten gab es nur in der Nacht!

Während wir arbeiteten ohne zu murren, ohne darüber nachzudenken, dass wir ja eigentlich Urlaub hätten, beschlossen wir: ein Schuppen muss her! Noch heute fragte ich mich immer wieder, wie wir es damals geschafft haben, immer gute Laune zu behalten. Es wurde viel gelacht, das Radio, ein altes Transistorgerät, Ravi hatte es mitgebracht, spielte den ganzen Tag und lieferte uns die Bestätigung: wir sind in Spanien!
Das Wochenende verging wie im Fluge, es wurde von morgens bis spät abends gearbeitet. Tatsächlich schafften wir es mit vereinten Kräften: die Fliesen befanden sich an der Wand, auch der Boden war fertig geworden, die Küche war bereit und wartete auf die Möbel.

Der Montag kam und mit ihm sollte der "Küchenmensch" kommen. Während mein Mann im Haus wartete, fuhr ich mit Ravi nach Chiclana um eine Tür und zwei Fenster für den geplanten Schuppen zu bestellen. In einem großen Baustoffhandel orderten wir das Material, Ravi hatte es berechnet! Was sollte also schief gehen?
Als wir zurückkehrten arbeitete tatsächlich ein Handwerker an dem Einbau unserer Küche! Gegen zwölf Uhr, berichtete mein Mann, ist er erschienen. Zwischen 14 Uhr und 17 Uhr die Pause, danach arbeitete er noch um dann pünktlich um 19 Uhr in den wohlverdienten Feierabend zu gehen. Wenn es so weitergeht, vielleicht schaffte er den Aufbau der Küche ja bis zu unserem Urlaubende! Mein Mann scherzte, hatte aber, wie so oft im Leben, Recht!

Blick in die Küche

Immerhin standen einige Unterschränke und zwei Oberschränke hingen auch schon an der Wand!

Flo installierte in der Zeit den neu erworbenen Boiler. Ich wollte so gerne wieder mal warm duschen! Das war doch wirklich nicht zu viel verlangt, oder? An diesem Abend jedoch noch nicht, wir hatten keinen Druck auf der Wasserleitung!

Am Dienstag wurden bereits die für den Schuppen benötigten Materialien geliefert. Sie lagen nun neben dem Schutt vor dem Haus!

Ein riesiger LKW stand plötzlich im Camino vor unserem Haus und hupte. Gefühlsmäßig hätte ich behauptet, er passte nicht auf unser Grundstück. Ich hatte mich geirrt. Rückwärts, ganz langsam, Stück für Stück tastete sich der Fahrer durch die Einfahrt auf den Vorplatz des Hauses. Dann wurde die Ladeklappe geöffnet und der Auflieger hob sich an, so dass die Ladung auf den Boden rutschte. Die dazu gehörenden Geräusche kann ich leider hier nur erwähnen, es erinnerte mich an brechenden Knochen.
Natürlich blieb nicht alles heil, einige der großen Steine zerbrachen. Flo meinte darauf: wir benötigen auch halbe Steine!
Nun lagen vor der Eingangstür unseres neuen Zuhauses jede Menge Baumaterialen, jede Menge Müll und unzählige leere Bierflaschen! Arbeiten macht durstig. Wasser ist für Fische, Flo und Ravi sind aber keine Fische!

Material wird geliefert...

Der Mittwoch stand ganz im Zeichen des Wassers! Flo erklärte, er sei von Beruf Brun-

nenbauer! Unzählige dieser Monster hätte er bereits gebaut, nicht nur in Spanien. Er hätte auch in anderen Ländern gearbeitet, früher. Ich hörte noch Namen wie Iran und Irak.
Was wir für ein Glück hatten, diese Leute getroffen zu haben! So wurde kurzerhand die Pumpe aus dem Brunnen gezogen. Wir besitzen auf unserem Grundstück einen perforierten Brunnen, der mit einer Rohrpumpe betrieben wird. Ich kann Ihre krause Stirn genau erkennen: Perforierter Brunnen? Rohrpumpe?
Trösten Sie sich, früher kannte ich mich damit auch nicht aus. Heute kann ich es Ihnen erklären, ich habe dazu gelernt.
In die Erde wird ein Loch gebohrt, in das ein PVC – Rohr, welches mit zahlreichen Schlitzen versehen wird, eingeführt wird. Wie tief dieses Loch in die Erde gebohrt wird, ist abhängig von der Lage und der Beschaffenheit des Untergrundes. Am Boden sammelt sich das Wasser, das durch die zahlreichen Schlitze des Rohres läuft. Die nun eingehängte Pumpe fördert das Wasser nach oben. Damit der Druck in der Wasserleitung stets einigermaßen konstant bleibt, bildet den Abschluss dieser Pumpe ein Druckbehälter. Vielleicht haben Sie schon mal so etwas gesehen, meist sind diese Dinger orangerot.

Wir kehren zu Flo zurück. Zuerst wurde der Druckbehälter erneuert. Die Arbeit wurde also unterbrochen, es ging zu einem kleinen Laden, ein Druckbehälter wurde gekauft, dann zurück zum Haus. Das Ergebnis nach Einbau des neuen Behälters: keine Änderung. Ein neuer und geänderter Versuch sollte nun Abhilfe schaffen. Erneut wird die Pumpe aus dem Loch gezogen. Grund dieser Aktion: die Pumpe soll etwas höher als vorher wieder in den Brunnen abgelassen werden. Der Sand, der sich am Grunde abgesetzt hatte, soll auch dort bleiben. Schließlich wollten wir Sand wirklich nur am Strand haben! Die Pumpe sollte nun Wasser oberhalb des sich am Grunde befindenden Sandes ansaugen. Das erklärte Flo uns, mit Händen und Füßen, mit Zigaretten und Bier!

Das Wasser sollte nun laufen, damit sich der letzte im Rohr befindende Sand verabschieden konnte. Der Vorgarten ist schon nass, das Wasser läuft auf den *Camino*.
Am Ende, nach vielen Stunden der Arbeit, haben wir nicht nur Geld für einen neuen Druckbehälter, einige Schläuche und Schellen bezahlt, nein wir haben auch noch Sand im Wasser!

Ein neuer Tag stand bevor. Es ist Donnerstag, unser Notartermin!
Sie erinnern sich, eine Art Vorvertrag in der Venta unterzeichnet, mehr haben wir nicht in Händen. Das sollte sich nun heute ändern, dachten wir!
Der „Präsident von Irgendwas" holte uns ab. Mein Mann fuhr mit Flo und ich stieg bei dem Verkäufer des Hauses ein. Ich hatte Farbreste von meinem Körper entfernt, geduscht, die Haare gewaschen und aus meinem Koffer ein Kleid gezaubert. Meinem Mann kann man es auch ansehen, wir fahren zum Notar! Flo trägt seine Arbeitsuniform! Ein altes T-Shirt mit zahlreichen Farbflecken. Dazu allerdings eine das Knie umspielende Hose. Ich dachte noch,

zum Glück nicht die Shorts, die sonst kaum verdeckte, was besser verdeckt wäre!
Das Notariat befindet sich in einer kleinen Seitenstraße in der Stadt. Parkplätze sind Mangelware. Nach einigen Ehrenrunden trafen wir dann alle vor der Kanzlei ein. Der Vorraum war voller wartender Menschen. Ich hörte die unterschiedlichsten Sprachen. Spanisch, klar, aber auch Englisch, Deutsch und etwas, das ich nicht identifizieren konnte. Drei geschlagene Stunden warteten wir. Stehend, denn Stühle gibt es hier nicht. Auch kein Wartezimmer. Ich erfuhr, dass wir eigentlich einen Termin hatten. Eigentlich.

Der Sekretär des Notars teilt es uns mit, es fehlte eine Bestätigung der spanischen Bank! Ich habe es nicht gewusst, aber Flo. Es hätte ihn ja keiner danach gefragt, bekommen wir später als Antwort! Vielen Dank Flo! Neben den also bereits eingereichten Unterlagen, wie Geburtsurkunden, Heiratsurkunde, Kopien unserer gültigen Ausweise, bevorzugt Reisepässe, benötigte der Notar nun also noch eine Bestätigung der spanischen Bank. Was denn bestätigt werden soll, versuche ich zu erfragen. Der aktuelle Kontostand, damit der Notar den Nachweis erhält, dass wir auch in der Lage sind, den Vertrag zu erfüllen. Freundlich verabschiedeten wir uns vom Präsidenten, der nicht etwa ärgerlich war. Immerhin hat es ihn insgesamt vier Stunden seiner Zeit gekostet. Wir vereinbaren gemeinsam einen neuen Termin. Komisch, ich war nicht sauer, nicht enttäuscht, auch nicht sonderlich erregt. Die Sonne macht es wohl, dass die Gemüter ruhiger werden.

Wir nutzten die verbleibende Zeit des Tages zum Kauf von Bodenfliesen für unser Haus. Unser Ziel war ein Fachgeschäft in Chiclana. Die Auswahl: so riesig! Wir konnten uns kaum entscheiden. Die Preise moderat, wir zeigten aber unsere Überraschung nicht.
1000 Peseten für einen qm. Das sind 6 €. Sicherlich, es gab Fliesen, die teurer waren, aber es gibt auch noch günstigere Fliesen. Wichtig war für uns, sie sollten rutschfest sein und ich wollte das gesamte Haus durchgehend fliesen. Die Lieferung erfolgte schnell, die Fliese war sofort lieferbar. Anders wäre es auch nicht möglich gewesen.
Wieder einen Schritt weiter, jeden Tag einen kleinen Schritt weiter, ist es nicht schön? Schritt für Schritt der Zukunft entgegen!

Der Freitag war ein ganz besonderer Tag! Nicht nur, das die erste Woche unseres Urlaubs schon vorbei war, nein, zu allem Glück kommt heute eine so genannte Freundin aus Deutschland an. Sie wollte ihren Urlaub hier verbringen. Aber nein, nicht in unserem Haus! Wobei sie es gerne getan hätte. Ist ja günstiger! Zum Glück hatte Fred Wurst's Bruder jede Menge Apartments. Dort brachten wir unseren Gast unter. Aber wir durften Ellen natürlich vom Flughafen abholen, sie in ihre Bleibe bringen, dort auch wieder abholen, möglichst auch noch unterhalten! So ist es, wenn man ein Haus in Spanien hat, plötzlich hat man sehr viele Freunde! Eigentlich hatten wir dafür aber absolut keine Zeit! Ellen erfährt es von uns klipp und klar, gleich am ersten Tag. „Wir haben keine Zeit zu verschwenden, wir müssen arbeiten! Besorge dir einen Leihwagen." Auf keinen Fall konnten wir Urlaubsunterhaltung, Taxiunternehmen und Restaurant ersetzten. Wir bauten an unserer Zukunft, an unserem Haus. Nur das zählt!

Die Küche machte Fortschritte! Allerdings ist der gelieferte Kühlschrank nicht der, den wir bestellt hatten!
Unsere Kühlkombi hatte im unteren Bereich einen Froster mit vier Schubladen, der gelieferte jedoch nur drei. Die Möbelfirma hatte ein Einsehen, wir dürften den Kühlschrank zuerst einmal behalten, bis das Austauschgerät eintrudelte. Endlich hatte ich wieder eine Badewanne! Ab heute lagerten die Getränke im Kühlschrank und nicht im Badezimmer.
Die Küchenmöbel waren mittlerweile alle eingetroffen. Das nun nicht alles so funktionierte, wie man es erwarten sollte, muss ich nicht erwähnen, oder? Die Tür eines Unterschrankes konnte nicht geöffnet werden, da der Anschlag zur falschen Seite montiert wurde. Der Mangel sollte, so die Firma, am Montag behoben werden. *Vamos a ver*, wie der Spanier sagt! Schauen wir mal.

Der Sonnabend begann mit einer unserer neuen Aufgaben: Taxiunternehmen! Wir holen Ellen ab um dann nach Puerto de Santa Maria zu fahren. Dort gibt es einen Makro-Supermarkt. Insider wissen jetzt natürlich, Makro ist in Deutschland Metro! Wir wollten einkaufen: es fehlte noch so Vieles. Gläser und Geschirr, denn nicht alles hatte Platz in unserem Auto. Das neue Gefühl, einen Kühlschrank zu besitzen, musste auch noch befriedigt

werden. Er musste gefüllt werden. Bisher hatte in ihm nur Bier für die Arbeiter Platz gefunden.
Wir gönnten uns mit dem Ausflug einen Tag Urlaub! Keine Arbeit am Haus, keinen Dreck, keinen Bauschutt und keine kompetenten Arbeiter wie Flo und Ravi!
Wir genossen es, fast könnte man sagen: wir hatten Urlaub! Unser Auto wurde beladen und der Einkauf hatte sich gelohnt. Zu Hause wurden das Geschirr und die Gläser ausgepackt und abgewaschen. Wie wohl der erste Sherry aus einem Glas in unserem neuen Haus schmeckte?

Auf unserem Grundstück hatten wir einen alten, einen sehr alten Klapptisch mit einer total deformierten Spanplatte gefunden. Er diente uns als Esstisch. Zum Glück gab es auch vier sehr alte Plastikstühle, die immerhin noch alle vier Beine haben! So konnten wir an diesem Abend (die Kurve wäre ganz oben) das erste Mal von richtigen Tellern essen! Eine alte Tischdecke, die als Putzlappen vorgesehen war, dient uns als Abdeckung der Tischplatte!
  Eine wirkliche Abwechslung unseres Arbeitsurlaubs war der Besuch beim ärztlichen Notdienst! Was ist geschehen? An meinen Beinen bildeten sich kleine Pusteln, es sah aus wie Mückenstiche. Es wurden immer mehr, sie juckten unerträglich. Dann öffnete sich die Pustel, das Jucken wurde noch schlimmer und die Wunden wässerten. Oberhalb der Knie waren keine Hautveränderungen zu erkennen.
Im Handgepäck ein Lexikon machten wir uns auf den Weg zum Notfallzentrum. Nach genau-

er Untersuchung und zahlreichen Fragen, die nicht immer einfach zu beantworten waren, die Ärztin sprach natürlich nur Spanisch! Dann die Diagnose: eine Allergie gegen Hafer! Auf unserem Grundstück stand das Unkraut gut fünfzig Zentimeter hoch! Kein Wunder also! Bisher hatte ich noch nie mir solchen Reaktionen zu kämpfen gehabt. Klar, wie auch? In Hamburg steht kein wilder Hafer auf den Straßen! Auf unserem Grundstück in Deutschland auch nicht. Penicillin sollte helfen. Es half auch, der Juckreiz ließ nach, ich konnte mich wieder schmerzfrei bewegen. Einige der Narben kann man noch heute sehen! Wieder hatte ich etwas Neues gelernt. Zum Beispiel, wo sich am Wochenende ein Notarzt befindet! Das war also unser freier Tag.

Der Sonntag, Pfingsten in Deutschland, wird uns immer in ganz besonderer Erinnerung bleiben. Natürlich ging es bei dieser Geschichte auch um Arbeit, was denn auch sonst?
Das Thema des Tages lautete: wir bauen einen Bogen! Bisher waren der Salon und die kleine, ursprüngliche Rumpelkammer, durch eine Tür verbunden, die nun samt Rahmen weichen sollte.
Das neue Esszimmer sollte freier wirken, nicht durch eine Tür begrenzt werden. Der obere Abschluss, also der eigentliche Bogen sollte aus Gips hergestellt und eingearbeitet werden.
Um nicht das ganze Haus in Staub uns Asche zu legen, begann mein Mann mit einer starken Schlagbohrmaschine rund um den bereits entfernten Türrahmen Löcher zu bohren. Stück

für Stück, am Ende sollte dann der perforierte Teil entfernt werden.
Unsere Fachkräfte, Flo und Ravi, verabschieden sich gegen ein Uhr, um in der Venta eine Pause zu machen. Damit begann ein ganz entscheidender Abschnitt ihres Lebens! Es war ihnen noch nicht bewusst, zum Glück! Jeder Mensch der arbeitet verdient eine Pause, auch unsere Experten, wir sind ja schließlich keine Sklaventreiber. Dennoch ergeben sich Grenzen, da die Zeit für die Fertigstellung der Arbeit auch begrenzt ist. Ravi und Flo hatten da so ihr eigene Einstellung. Sie verlängerten die Pause, ließen sie fließend hinüber gleiten zum Feierabend. Diese sehr eigenwillige Auslegung war jedoch nicht mit uns abgesprochen. Kurz entschlossen fuhr ich daher in die *Venta*. Der Zeiger meiner Uhr zeigt, es war bereits 17 Uhr. Am Tresen stieß ich auf zwei total abgefüllte Helden. Sie sahen mich und mussten es sich gefallen lassen, von einer blonden Deutschen, ohne Rücksicht auf Zuhörer, eine Standpauke zu erhalten. Entschuldigungen folgten und das Versprechen, „wir sind gleich bei euch!"
Sie können es sich denken, auch um sechs Uhr war noch keiner der beiden Profis sichtbar. Ich bleibe hartnäckig. Ein erneuter Besuch in der Bar brachte mir die Erkenntnis, mit solchen *Borrachos* wollten wir nicht mehr zusammen arbeiten. Sie entdeckten mich am Eingang der Bar. Ich schwieg, schaute nur zu den beiden. Dann fuhr ich wieder nach Hause zu meinem Mann, der seine Wut in Arbeit umgewandelt hatte.

Alle Teile der Mauer, die wir nicht mehr benötigen, waren entfernt. Auch der Dreck hatte seinen Weg nach draußen gefunden. Wir waren stinksauer aber arbeitstechnisch wieder einen Schritt weiter.
Gegen 20 Uhr erschienen unsere Facharbeiter bei uns. Wie sie es geschafft hatten, den kleinen Weg zu Fuß zu bewältigen, bleibt mir bis heute ein Rätsel. Vermutlich Arm in Arm, denn ein alleiniger, aufrechter Gang war nicht mehr möglich. Mein Mann und ich waren uns sicher, das ist der letzte Tag bei uns gewesen.
Klar und deutlich macht mein Mann es den beiden Haudegen klar. Das Gespräch eskaliert. Es war zu erwarten, bei dem Promillestand! Unangenehm, Flo wird handgreiflich. Wir beförderten ihn nach draußen. Er drohte mit Polizei und Baustop!
Ravi, der seinen Kumpel scheinbar ziemlich gut zu kennen schien, folgte ihm. Wir hörten ihn beruhigend auf den Flüchtenden einreden. Wir waren erleichtert. Jetzt waren beide fort, wir alleine. Schmutzig, durstig, hungrig und erschöpft.
Als Krönung und zu allem Übel wartete Ellen in ihrer Unterkunft auf uns, schon seit über einer Stunde!
Wir verzichteten unsere Bekannte am Abend über diesen Ausgang des Tages zu informieren. Besser, man spricht nicht noch unnütz über dieses Übel!

    Montag, ein strahlender Morgen, die Sonne blickte vom Himmel. Wie immer in Andalusien, wir hatten schließlich Sommer. Das Tor zu unserem Grundstück blieb fest verschlossen. Eine Konfrontation mit gewalttätigen Alkoholi-

kern mussten wir nicht haben. Weder hier, noch anderswo. Wir hörten ein Auto, das mit laufendem Motor vor unserer Einfahrt anhält. Mein Mann entdeckte Ravi in Begleitung eines uns unbekannten Spaniers. Er trägt Arbeitskleidung, also kein Offizieller. Ravi erklärte uns, sein Kollege würde jetzt mit ihm arbeiten. Flo soll gewalttätig sein, dass müssen wir nicht haben! Das eine oder andere blaue Auge sollte da schon mal entstanden sein, auch Tische und Stühle mussten erneuert werden, erklärt uns Ravi. Na, vielen Dank.
Fred Wurst, der immer über alle Dinge informiert war, erschien und schlug uns ein Treffen auf neutralem Boden mit Flo vor! Zuerst konnte ich es kaum glauben, wir sollten uns auch noch mit Flo treffen? Auf neutralem Boden? Wie sich das anhörte? Als wären wir im Kriegszustand!
Fred Wurst bekräftigte den Vorschlag. Immerhin war Flo unser Makler! Ich verstand es auch dieses Mal nicht. Der zweite Termin beim Notar musste klappen, uns lief die Zeit davon. Flo kannte sich mit Kaufverträgen in Spanien aus, wir nicht. Das reichte als Erläuterung. Das starke Interesse dieses Fred Wurst deuteten wir eigentlich nicht, und wenn wir uns Gedanken gemacht hätten, zu diesem Zeitpunkt, es wäre unter dem Aspekt der Nächstenliebe abgehandelt worden. Wir stimmten dem Treffen zu. Ravi wollte vermitteln. Fred Wurst wollte auf keinen Fall dabei sein. Warum? Keine Ahnung.
Der Termin wurde für den Nachmittag festgelegt. Ein neutraler Ort, klar, eine Bar. Aber nicht bei uns, wir wählten eine etwas weiter entfernte *Venta* aus. Sicher ist Sicher!

Ich erlebte das Gespräch, als wäre ich in einer großen Blase unter Wasser! Meine Nerven hatten versagt, mein Kreislauf auch. Dem Gespräch kann ich auch nicht mehr folgen. Nur durch die Hilfe meines Mannes schaffte ich es nach Hause zu kommen, wenn man es so nennen wollte, nach Hause, zurück zur Baustelle. Viel Arbeit und wenig essen, viel Sonne und wenig trinken, irgendwann war Schluss. Sagte mein Körper! Mehrere Stunden hatte ich tief und fest geschlafen. Wie in einem Koma. Als ich wieder erwachte bin ich entspannter und sollte auch wieder etwas besser aussehen.

 Wir machten Fortschritte, ganz kleine, aber Fortschritte. Die ersten *Molduras*, noch von Flo angeklebt, fielen wieder von der Wand. Ravi hatte es erneut versucht, mit mehr oder weniger Erfolg. Viele wurden später erneut befestigt, einige Molduras aber hängen noch immer!
Die neue Wand ist fertig, wir hatten jetzt einen kleinen Flur, man betrat das Haus also nicht mehr durch den Salon, ein Fortschritt.
Die Wand musste noch verputzt werden, eine Aufgabe die nicht einfach war. Das musste man können. Ravi behauptete, er könne es.

Blick auf die Wände
des neu entstandenen Flures

Am Mittwoch sollte nun der Kühlschrank endlich ausgetauscht werden! Ich berichtete Ihnen ja bereits, wir durften den falsch gelieferten Schrank behalten, zum Glück. Nicht immer werden angekündigte Termine auch eingehalten. Aber, tatsächlich lieferte eine Firma auch einen neuen Kühlschrank an. Ein Riesenkarton, original verpackt. Direkt ab Werk, erklärt der Fahrer. Mit großen Freunden stellen wir fest, es ist auch das richtige, von uns bestellte Modell. Beim genaueren Hinsehen entdeckten wir jedoch eine dicke Schramme. Einen Beschädigten, nein danke, der Fahrer darf ihn gleich wieder mitnehmen. Wir behielten den zuerst gelieferten Falschen, immerhin kühlt er.

Es ist Donnerstag! Schon wieder war eine Woche vergangen. Es folgte unser zweiter und hoffentlich letzter Notartermin. Wir fuhren alleine in die Stadt, wollten uns vor Ort mit dem Verkäufer treffen. Genau wie beim letzten Besuch, es auch heute wieder voll. Wollten alle diese Menschen ein Haus oder Grundstück erwerben? In Spanien ist es immer voll beim Notar, erhalte ich die Erklärung. Warum? *No se!* Keine Ahnung. Knapp drei Stunden warteten wir, dann endlich rief man uns in einen kleinen Raum. Vor uns am Schreibtisch sitzt der Sekretär des Notars.

Hier wurden alle Unterlagen zusammengestellt, bevor dann der Vertrag durch den Notar verlesen wurde. Fassungslos erfuhr ich, dass eine weitere Bestätigung zur Beurkundung des Vertrages fehlte. Irgendein Schriftstück, das unsere spanische Bank erstellen musste. Wir bitten den Sekretär telefonisch mit unserer Bank, die zum Glück nur einige Schritte entfernt vom Notariat liegt, Kontakt aufzunehmen. Die Bestätigung wurde ausgestellt und sollte meinem Mann ausgehändigt werden. Er machte sich sofort auf den Weg, für den er schätzungsweise fünf Minuten benötigte.

Eine gute halbe Stunde später erschien er beim Notar, allerdings ohne diese Bestätigung. Angeblich sollte es nun doch ohne diese Bescheinigung gehen! Der Sekretär und der Notar beraten sich. Sie kamen gemeinsam zu dem Entschluss, die Bestätigung der Bank musste eingeholt werden.

Erneut machte sich mein Mann auf den Weg zur Bank. Keine dreißig Minuten später betat er das Notariat, in der Hand eine Fotokopie unseres Kontos. Der Beleg zeigte den aktuellen Kontostand und trug einen offiziellen Stempel des Kreditinstitutes. Ich konnte es nicht fassen. Aber, bekanntlich liegt auch hier in der Ruhe die Kraft. Bloß nicht aufregen. Ganz cool bleiben!
Wir warteten wieder. Den Vorraum durften wir wieder verlassen und standen nun wieder auf dem Flur zwischen anderen Wartenden. Vielleicht sind wir ihnen ja schon einen Schritt voraus, hoffte ich und dachte dabei an die Bestätigung der Bank. Dann endlich. Wir wurden aufgerufen. Ein schönes Büro. Dunkler Schreibtisch, auf einem Nebentisch thront eine Schreibmaschine aus den Sechzigern! Der Notar, ein seriös wirkender Herr Mitte Fünfzig, begrüßte uns freundlich. Wir nahmen Platz.
Wir, das waren der Verkäufer, mein Mann, Ravi und ich. Ja, Ravi war als Zeuge anwesend. Das ist in Spanien so üblich. Nur bei einem anderen Anlass in Deutschland kenne ich es sonst, bei der Trauung!
Der Notar verlas den Kaufvertrag. In Spanisch natürlich. Ob wir auch alles verstanden hatten, fragte der Offizielle. Wir bestätigten. Sonst hätten wir auch noch einen Dolmetscher hinzu holen müssen. Dann wäre der Termin erneut geplatzt. Am Ende stellte ich noch eine Frage, damit der Notar erkennt, wir sprechen Spanisch! Dann endlich durften wir alle unterschreiben.
Jetzt waren wir rechtmäßige Eigentümer eines Grundstückes und eines Hauses.

Das ist doch immer so, höre ich Sie gerade sagen? Nein, nicht in Spanien! Hier kann man ein Haus besitzen, das auf einem Grundstück einer anderen Person erbaut ist. Eine wichtige Sache, man muss sehr aufpassen. Was nutzt mir ein Haus, wenn ich nicht auch das dazugehörige Grundstück besitze? Und nutzen darf? In unserem Fall war es so gewesen. Der Verkäufer besaß das Grundstück, sein Sohn hatte darauf ein Haus gebaut. Keine Angst, wir wussten es. Es lag uns eine notarielle Bestätigung des Sohnes vor, wir kauften wirklich Haus und Grund.
Um 9 Uhr waren wir angemeldet gewesen, es ist 14.10 Uhr als wir die Kanzlei verlassen! Normal in Spanien! Mit welcher Ruhe der Verkäufer, der oberste Präsident, es hingenommen hatte! Der Mann musste doch einen vollen Terminkalender haben, bei einem solchen Job!

In einem durchgehend geöffneten Supermarkt tätigten wir, auf dem Weg nach Hause, einige kleine Einkäufe. Zu Hause angekommen, jetzt durften wir es ganz amtlich sagen, folgt die Krönung des Tages: das Richtfest! So jedenfalls würden wir es in Deutschland nennen. In Spanien ist der Brauch etwas anders. Unser Haus bekam, wie ein Kind nach der Geburt, seinen eigenen Namen!
Tage zuvor hatten wir bereits Buchstabenfliesen gekauft. Der neu zu uns gestoßene Handwerker hat die Prozedur bereits vorbereitet. Außen an der Mauer, direkt neben dem Eingangstor, soll der Name nun befestigt werden. Ein Holzrahmen sorgte dafür, dass die Fliesen

nicht nur hielten, sondern auch in der Waage angebracht wurden. Angerührter Zement wartete in einem Kübel bereits auf seinen Einsatz. Abwechselt befestigten mein Mann und ich jeweils einen Buchstaben. In einer dritten Reihe strahlte die Hausnummer. Den Namen für unser Haus wussten wir schon lange. Ehrlich gesagt, schon bevor wir uns entschlossen hatten, ein Haus zu kaufen! *Casa Esperanza*, das Haus der Hoffnung! Natürlich hatten wir diesen Namen nicht zufällig gewählt. In dieses Haus floss die ganze Hoffnung für unsere gemeinsame Zukunft.

Unser Haus wird getauft!

Unsere Handwerker, Ravi und dieser neue Facharbeiter, waren natürlich zur anschließenden Feier eingeladen. Wir tranken gemeinsam etwas Sekt und stießen an auf unsere neue Zukunft! Auf unser neues Haus und alle Hoffnungen, die damit verbunden waren. Wie durch ein Wunder erschienen auch Fred Wurst und seine Frau Karla bei uns. Ob es denn nun geklappt hätte mit dem Vertrag, wollten die beiden wissen. Wenn es darum ging, etwas Alkohol umsonst zu erhaschen, durften die beiden nicht fehlen!

Unsere Handwerker erhielten in der Regel am Ende des Tages ihren Lohn. Nicht Ravi, weil er sonst am nächsten Tag nicht erschien. Ein Tageslohn reichte um den Alkoholpegel in die Höhe zu treiben und um arbeitsunfähig zu werden. Selbst bei einem Abhängigen.
Unser neuer Mann bekam täglich seinen Lohn. So konnten wir immer wieder neu entscheiden, ob wir ihn am nächsten Tag noch benötigten. So zahlte ich an diesem ereignisreichen Tag auch das Geld an den Spezialisten aus. Er zählte es nach, wie immer, aber heute reklamierte er die Summe! Drei Stunden mehr hätte er heute gearbeitet, erklärte er mir. Entsetzt sei er, wie ich unschwer erkennen konnte. Ich konnte es nicht glauben, noch heute stellen sich meine Haare im Nacken senkrecht, wenn ich daran denke. Er wollte doch tatsächlich die drei Stunden der Feier bezahlt haben!
Ravi, der dazu kam, nahm mich zur Seite. Er bat mich ihm die fehlende Summe auszubezahlen und ihn dann nach Hause zu schicken. Ravi sagte, ich sollte ihm den Betrag von seinem Lohn abziehen. Schließlich hätte er diesen Mann ja bei uns eingeführt. Es geschehen immer wieder Dinge, die ich nicht nachvollziehen konnte.

Endlich alleine. Alle Handwerker waren fort. Fred Wurst und seine Frau hatten wir auch verabschiedet. Das Bier war alle.
Romantisch endete dieser Abend für uns. Wir gingen bei Kerzenlicht und ohne Wasser zu Bett! Stromausfall!
Wir waren total erschöpft und müde. Wir fielen auf unsere Betten. Den Grund des fehlenden Stroms konnten wir eh nicht klären. Für alle Fälle haben wir ausreichend Wasser im Haus. 5 Liter Kanister sind hier üblich, davon standen immer mindestens 4 Stück bereit. Im Kühlschrank befanden sich keine verderblichen Lebensmittel.

Schon wieder Freitag, der dritte für uns. Es war der Tag des Leihwagens. Endlich hatten wir Ellen überreden können, sich einen Wagen zu mieten. Gemeinsam fuhren wir nach La Barrosa zur einzigen Autovermietung in unserer Gegend. Ein kleines Fahrzeug wurde ausgesucht, das genügte. Eine Woche Resturlaub blieben Ellen ja noch. Der Vertrag wurde geschlossen und die junge Frau der Autovermietung fragte nach der Kreditkarte. Ellen entnahm aus ihrer Handtasche die EC - Karte. Kopfschüttelnd reichte die junge Frau ihr die Karte zurück. Nein, eine Kreditkarte benötigte sie! Jeder weiß, im Ausland benötigt man zum Anmieten eines Fahrzeugs eine Kreditkarte. Ellen nicht. Ellen besaß keine solche Karte. Wie immer im Leben gibt es zwei Möglichkeiten: entweder ohne Leihwagen zu gehen oder ich gebe meine Kreditkarte! Ich hatte es ja bereits erwähnt: ich bin Bankerin!

Im Magen bildet sich ein ungutes Gefühl. Es gibt Dinge, die tut ein Banker nun mal nicht. Neben der Schließung eines Kaufvertrages für ein Haus auf einem Schmierzettel gehörte auch das Gefälligkeitsgeben der Kreditkarte dazu. Es ging mir wirklich gegen den Strich. Aber, wir würden von unseren Job als Taxiunternehmen für eine Woche entbunden. Ich hatte meine Karte als Sicherheit hinterlegt. Was blieb mir auch anderes übrig?
Der kleine Wagen stand auf dem Parkplatz zur Abfahrt bereit. Ellen wollte hinter uns her zu unserem Haus fahren. Alleine fand sie angeblich den Weg nicht. Mein Mann und ich warteten in unserem Wagen mit bereits laufendem Motor. Dann endlich setzte sich der Wagen mit Ellen in Bewegung. Stoppte dann aber wieder. Nichts passierte. Wir fahren in ihre Nähe, ich steige aus. Ellen erklärte mir, sie könne den Rückwertsgang nicht finden. Ich fragte mich, wo sie wohl danach gesucht hat? Im Handschuhfach? Nach einer Einweisung konnten wir endlich starten.

Die Sache mit dem Stromausfall hatten wir auch ziemlich schnell geklärt. Unser Haus hatte noch keinen eigenen Anschluss! Ich weiß, so etwas geht eigentlich gar nicht. Stimmt, in Deutschland geht es auch nicht. Aber wir lebten nun in Andalusien! Mein Mann sagte immer: Wir leben bei den Wandalen.
Der ehemalige Eigentümer des Grundstückes, auf dem das Haus seines Sohnes stand, der dort mit seiner Familie am Wochenende wohnte, hatte beim Bau des Hauses einfach ein Kabel unter der Straße verlegen lassen. Das Kabel kam von seinem Grundstück und von

seinem Stromzähler. Von dort wurde also nun unser Haus mit Strom versorgt. Beim genauen Betrachten stellte mein Mann fest, dass es sich dabei um eine Art Klingeldraht handelte.

Der Anschluss war durch eine sehr kleine Sicherung im nicht geschützten Sicherungskasten an der Außenmauer seines Grundstücks abgesichert. Das wussten wir alles nicht. Wurde nun mehr als ein Gerät zurzeit eingeschaltet, fiel der Strom aus. Licht im Zimmer, Licht im Bad und ein Radio. Das funktionierte. Drehte man aber zusätzlich den Wasserhahn auf, war Ende. Ich sehe wieder Falten auf Ihrer Stirn! Wasserhahn? Klar, bei uns kommt das Wasser zwar auch aus einem Hahn in der Wand, aber gefördert wird es durch eine elektrisch betriebene Pumpe aus der Erde.

Das Radio, das möchte ich Ihnen noch erklären, gehörte eigentlich Flo. Es war ein altes tragbares Transistorradio. Der Stecker fehlt schon. Die Litzen aus dem Kabel hat Flo einfach in die Steckdose gesteckt. Daher hatte sie sicherlich auch ihren Namen: Steckdose.

Nun, da uns diese spezielle Stromsituation bekannt war, konnten wir auch Abhilfe schaffen. Nicht immer dachte man daran, zumal plötzlich ohne Ankündigung der noch immer falsch gelieferte Kühlschrank ansprang. Mein Mann begab sich dann, im Falle eines Stromausfalls, mit einer Taschenlampe auf den Weg zum Haus des Präsidenten, welches etwa 200 m von unserem Haus entfernt steht. Dort aktiviert er die Sicherung und kommt zurück. Eine Taschenlampe befindet sich immer am Eingang, denn seltsamerweise passierte es meist am Abend. Zu dumm, oft schon stand ich eingeschäumt unter der Dusche. Zum Glück haben wir Sommer!

Am Wochenende startete die große Feria in Chiclana. Ein Riesenrummel, alle feierten mit, was uns aber nicht klar war. Während der Feria schließen viele Läden mittags um 14 Uhr, nicht gerade günstig, wenn man mitten am arbeiten ist und dringend Material benötigte.
Auch wir wollten uns dieses Spektakel nicht entgehen lassen und am Sonntag auf diese Feria. Gegen 21 Uhr starteten wir, im Schlepp Ravi und natürlich Ellen! Ravi zeigte uns jeden Stand der Alkohol im Angebot hatte! Darin, das hatten wir nun schon festgestellt, kannte er sich besonders gut aus. Ellens Vater hatte, ihren Erzählungen nach, gewisse Probleme mit Alkohol, daher fiel es ihr besonders schwer, uns auf dieser Tour mit wirklicher Freude zu begleiten. Klar ist aber auch, die letzten Tage der Arbeit und der Aufregung hatten ihre Spuren an mir hinterlassen. Lärm kann ich nicht mehr gut ertragen, ich möchte nur noch nach Hause und ins Bett. Leckere Kleinigkeiten, die zum Essen angeboten wurden, mussten probiert werden. Hier noch ein Sherry, dort doch lieber ein Bier. Die eigentlichen Schönheiten und Kuriositäten dieser Feria durften wir nicht kennen lernen, nicht an diesem Tag. Dazu war es noch viel zu früh. Aber, was nicht ist, kann ja noch werden. In einer Nebenstraße des großen Festplatzes befindet sich ein sehr originelles Speiselokal. Unbedingt mussten wir hier, nach Ravis Aussage, noch etwas Festes zu uns nehmen. Der Raum des Lokals ist vielleicht fünfzig m^2 groß. Dicht an dicht stehen

die kleinen Holztische, an denen immer vier Personen Platz finden. Man sitzt, mehr geht nicht. Bewegt man seinen Stuhl, muss der Nachbar am Nebentisch sich auch bewegen, so eng ist es. Ravi bestellte am Tresen. Zuerst natürlich die Getränke. Dann kamen unzählige kleine Teller mit Leckereien. Tapas eben. Schinken, Oliven, Käse, spezielle Wurst, die ich bis zu diesem Abend noch nie gesehen hatte. Dann kam noch eine große Platte mit Salat. Frittierte kleine Fische, seltsame grüne Schoten, die super lecker schmeckten. Es schmeckte übrigens alles lecker. Am Ende dieses Gelages übernahm Ravi das Bezahlen der Rechnung. Wieder etwas, über das ich mich sehr wunderte.

Der nächste Morgen brachte neue Aufregung und Abwechslung, die nicht vorhersehbar gewesen wäre, von niemandem. Karla erscheint und wollte unbedingt mit meinem Mann in die Stadt fahren. Sie erklärte, ihr Schwager, also der Bruder ihres Mannes Fred, hatte einen Wagen aus Deutschland mitgebracht, der eine spanische Nummer erhalten hatte, ein umständliches Verfahren, welches aber nun nach Wochen des Wartens endlich zum Ende gebracht wurde. Der Wagen stünde nun beim Autohändler in Chiclana und konnte dort abgeholt werden. Fred Wurst hatte aber keinen Führerschein mehr, wie wir später erfuhren, er wurde ihm wegen Trunkenheit am Steuer abgenommen! Mein Mann sollte nun also diesen zweiten Wagen fahren. Am Ende der Reise auf dem Hof vor ihrem Haus nutzte Karla die Gelegenheit für sich aus. Den Anspruch auf die 3 % Maklergebühr hätte sie und nicht Flo. Fred Wurst und Flo hatten eine Absprache getroffen, über die man uns in Unkenntnis gelassen hatte. Na ja, was geht es uns auch an. Flo hatte Schulden bei Fred Wurst und seiner Frau. Wir sollten nun also seine Schulden tilgen. Muss ich weiter sprechen, b. z. w. schreiben? Diese Rechnung hatten die beiden allerdings ohne uns gemacht! Die Kosten, die uns durch die Einmischung ihrer Freunde, speziell durch Flo, entstanden waren, erklären wir ganz ruhig, waren wesentlich höher als diese 3 Prozent! Eigentlich müssten wir von diesem angeblichen Makler noch Geld erhalten. Auf keinen Fall jedoch würden wir auch nur eine Pesete an Fred Wurst und seine Frau zahlen! Karla ist außer sich, voller Hass und Wut beendet sie das Gespräch mit den Worten: ab heute sind wir geschiedene Leute!

Die Geschichte der Familie Wurst, ihre gescheiterte Existenz in Deutschland, die geleistete Eidesstattliche Versicherung, wir erfuhren es, aber viel später. Dieser Bruch hatte sich, auch aus heutiger Sicht, als sehr positiv dargestellt. Und wieder einmal zeigte sich, dass das wahre Gesicht vieler Menschen hinter einer Maske versteckt ist, die oft schwer zu durchschauen oder zu entfernen ist.

    Am Nachmittag erhielten wir Besuch: der Sohn unseres Nachbarn. Er arbeitete als Elektriker bei einer großen und namhaften Firma. Gespräche mit dem Präsidenten hatten ein für uns unerwarteten Ausgang gefunden! Wir sollten einen eigenen Stromzähler und somit einen eigenen Stromanschluss erhalten. Die Kosten dafür wollte der Präsident immerhin

zur Hälfte übernehmen! Es ist ein nicht unerheblicher Betrag, den man zahlen muss, um Strom zu bekommen. Ich fragte mich, ob es in Deutschland auch möglich ist, ein bezugsfertiges Haus ohne Stromanschluss zu erwerben?
Egal, wir sollen jetzt Strom bekommen. Der Elektriker legte für uns den Anschluss. Er machte einen sehr zuverlässigen Eindruck. Sehr kompetent, mein Mann erkennt es, da auch er Ahnung von der Materie hat. Mit dieser Einstellung werden wir Recht behalten, bis heute. Er hilft uns, wenn Not am Mann ist! Wie lange es aber noch dauert, bis wir unseren eigenen Strom bekommen, ist uns nicht klar gewesen!
Die Vorbereitungen liefen jedoch auf Hochtouren. Der neue Arbeiter soll durch die Außenwand ein Loch bohren, an diese Stelle kommt später der neue Stromzähler. Da es scheinbar nur Experten gibt in Spanien, oder auf unserer Baustelle, benötigte er den ganzen Tag dafür. Am Abend war er fertig, hatte jedoch zwei Bohrer abgebrochen. An diesem Abend bedanken wir uns bei ihm für die gute Arbeit und teilen ihm mit, weitere Arbeiten stünden zurzeit nicht an! Der Rausschmiss, wie er in Spanien üblich ist! So verliert keiner der Betroffenen sein Gesicht!
Ravi hatte sich bereit erklärt, nachdem wir wieder in Deutschland sind, ganz alleine unseren geplanten Schuppen zu errichten. Ein Akt des Vertrauens, wie sich später herausstellen wird! (Das Wort VERTRAUEN besteht eigentlich aus zwei Worten: TRAUEN – ganz positiv, VER – zeigt wohl das Gegenteil an: vergessen, verlieren, verirren!)

Die Zeit verging wie im Fluge, dazu dauern die letzten Arbeiten länger, als wir gedacht hatten. Am Montag sollten die Möbel kommen! Der Boden ist noch nicht fertig gefliest. Leider hat Ravi zurzeit nicht so den richtigen Dreh bei der Arbeit! Er schaffte es leicht und locker eine Palette Bier (24 Flaschen á 0,25 Liter) am Tag zu trinken, wobei ich bemerken möchte, Ravis Frühstück besteht aus mindestens zwei doppelten Anislikören in der Venta! Ohne Frühstück sollte man auch besser nicht arbeiten, hatte schon meine Mutter früher gesagt!

Ravi hielt sich meistens bei einem deutschen Ehepaar, Silke und Horst, auf. Er wohnte allerdings bei Flo, der wiederum ein Haus sein Eigen nannte. Im Grunde ist es allerdings eher eine Ruine, die aus drei Seitenwänden und einem Dach bestand. Es gab keine Tür und keine Fensterscheiben. Auf dem Boden lag eine Matratze: sein Bett. Rund um das Haus Müll, hauptsächlich leere Bierflaschen und Bierdosen! Auf dem Grundstück stand ein ausgemusterter Ford Transit. In dieser Luxus-Ausgabe lag im Inneren eine Matratze, die Ravi als Unterkunft diente. Das deutsche Ehepaar wohnte ganz in der Nähe, allerdings in einem richtigen Haus. Sie kümmerten sich um Flo und Ravi, man könnte auch sagen, sie versorgten die beiden mit immer genügend Bier. Dafür bedankte sich Ravi bei Silke auf eine Weise, die sie wohl sehr gerne hatte, wenn Sie wissen, wie ich es meine!
Horst und seine Frau würden aufpassen, ein Auge auf die Arbeiten an unserem Schuppen haben. Sie versprachen es! Ravi wird ordentlich arbeiten und wenn wir dann wieder-

kommen, wäre der Schuppen fertig! Das hofften wir damals, darum heißt unser Haus ja auch: *Casa Esperanza.*

Montag. Der Tag der Möbel! Wie angekündigt fuhr der Möbelwagen vor. Der Boden ist noch nicht fertig verfugt. Ich hörte noch seine Stimme: mach dir keine Sorgen! Ein Spruch, den man in Spanien immer verwerten kann.

Der Fahrer und sein Gehilfe schienen nicht besonders erstaunt, es kommt wohl öfter vor, hier in Andalusien, dass Möbel in ein nicht fertiges Haus geliefert werden. Kurzerhand wurden die Einzelteile der Möbel im Haus verteilt, in alle anderen Räume, bis der Boden fertig wäre. Die Möbelfirma verschwand. Aufbauen durften wir dann später alleine!
Es dauerte bis spät in die Nacht, dann endlich standen alle Möbel an ihrem Platz!

Wild im Haus verteilte Möbelteile

Den Abschluss dieses ereignisreichen Tages bildete eine für mich unangenehme Arbeit. Ich hatte es mir fest vorgenommen, wenn die Möbel stehen sollen auch die Gardinen hängen. Die schwarzen Eisenstangen hatte mein Mann bereits an der Wand befestigt. Trotzdem dauerte es noch eine ganze Weile bis die schweren Vorhänge endlich ihren Platz einnahmen.
Es ist schon Dienstag als wir endlich ins Bett kommen.

Wir erwachten, ein Tag voller Freude stand uns bevor und ein Haus mit Möbeln!
Diverse Dinge waren noch zu erledigen, teilweise wurden wir aber auch auf *mañana otro diá* vertröstet!
Die Behebung der Fehler an der Küche sollte weiter auf sich warten lassen. Wir hatten einen Betrag der Abschlussrechnung zurückbehalten, als Sicherheitsleistung!
Gut so, wie sich später zeigte. Auch der Stromanschluss sollte erst später erfolgen. Wann jedoch dieser Termin sein würde, konnte uns keiner wirklich sagen. An diesem Dienstag orderten wir in „unserem" Möbelhaus ein weiteres Bett. Im September wollten wir in unserem Haus Urlaub machen, begleitet von meiner Mutter! Die Möbelfirma ist bis heute, die Firma, bei es wirklich alles geklappt hat! Dankeschön!
Für diesen Tag hatte sich auch der angeforderte Agent der Versicherung angesagt. Unser Haus musste schließlich versichert werden. Ravi half uns, denn so gut klappte es noch nicht mit dem Spanisch, alle Informationen zu übersetzen. Das Haus wurde begutachtet, eingeschätzt und dann eine Police abgeschlossen. Es ist alles, einfach alles versichert. Ob der Hund, der auf die Straße läuft und einen Unfall verursacht, ob Feuer oder Wasserschäden, ob Einbruch, Stromschäden, Diebstahl oder der verlorene Haustürschlüssel! Die Frage, ob bei einem Verlust auch mein Mann ersetzt werden würde, konnte der Vertreter der „*Santa Lucia*" nicht sofort beantworten. Er erwiderte, dass es schließlich dann auch zu

klären wäre, ob auch der Verlust der Ehefrau versichert wäre. Das ist Spanien!
Nach Ablauf von einer Woche können wir die Police bei der Versicherung abholen. Der erste Jahresbeitrag musste dann vor Ort bar entrichtet werden. Auch das ist Spanien. In einer Woche! Da sind wir schon wieder in Deutschland. Ravi will es für uns erledigen. Das abgezählte Geld überreichen wir ihm.

Einen weiteren, größeren Betrag, den Arbeitslohn für die Errichtung des Schuppens, den Ravi in unserer Abwesenheit errichten wollte, erhielt Horst zu getreuen Händen. Nach und nach, sollte Horst dem Ravi das Geld aushändigen, damit es nicht sofort und in einer Summe in Alkohol umsetzen werden konnte.

Am Dienstagabend speisten wir wie die Fürsten! Das erste Essen in unserem Esszimmer. Auf richtigen Stühlen an einem richtigen Tisch durften wir sitzen! Echtes Porzellangeschirr und richtige Gläser! Es ist ein erhabenes Gefühl. Wir sitzen in unserem eigenen Haus in Spanien!
In allen Räumen standen Möbel, mit Ausnahme eines Raumes, der im September das zweite Gästebett beheimaten sollte. Was nun noch fehlte war unser eigener Stromanschluss, die Renovierung des Badezimmers und natürlich die Behebung der Reklamationen an der Küche. Es sollte beim nächsten Aufenthalt meines Mannes, der für Ende August geplant war, erfolgen.
Unser Haus, so weit hatten wir es nun gebracht.

Am nächsten Morgen durften wir es verlassen und nach Deutschland zurückfahren. Das Meer hatte ich nicht gesehen, während unseres Urlaubs. Aber ich kannte mich gut aus mit Steinen, Farben und Stromanschlüssen!
Die 3000 km mussten erneut, mit einem Stopp nördlich von Paris, bewältigt werden. Am Montag durfte ich wieder, erholt und frisch nach einem schönen Urlaub, arbeiten!

Kapitel 4

Zu Hause in Deutschland war das Thema Haus in Spanien im täglichen Leben nicht erledigt. Wir planten und planten, mein Mann machte eine Skizze nach der nächsten. Das Ergebnis war eine maßstabgerechte Bauzeichnung! Ich war tief beeindruckt. Nebenbei bemerkt, mein Mann ist nicht etwa gelernter Architekt! Es sollte, das können Sie nun sich schon denken, nicht bei dem Ausbau unseres Hauses in Spanien bleiben. Die circa 75 m^2 waren sehr schön. Für einen Urlaub durchaus ausreichend, aber zum dauerhaften Leben einfach zu klein. Und ein Haus in Spanien ohne einen eigenen Pool, das ist wie Weihnachten in Deutschland ohne Schnee!
Auf der auf mich sehr professionell wirkenden Zeichnung waren alle geplanten Steckdosen in einer Farbe eingezeichnet. In einer anderen Farbe die Anschlüsse für Lautsprecher, Antenne und Satellitenschüssel. Jedes auch noch so kleine Leerrohr wurde vermerkt.

Ich bin schon immer ein sehr positiver Mensch gewesen, und ich bin es auch heute noch, trotz aller Erfahrungen, oder gerade wegen der gemachten Erfahrungen! Unser Haus war jetzt bezahlt, aber Geld für die Neubauten haben wir eigentlich nicht zur Verfügung. Sollten wir eines Tages, unser Ziel lag jetzt noch deutlicher vor uns, für immer in Spanien leben, ja dann, dann konnten wir unser Haus in Deutschland verkaufen. Aber wann es sein würde, wussten wir noch nicht. Zunächst planten wir weiter und hielten es nicht für ausgeschlossen, in der Zwischenzeit das Haus zu vermieten. So fielen keine zusätzlichen Kosten an, im Gegenteil, die Einnahmen aus der Vermietung könnten so in den Neubau fließen.

Im September hatte ich noch etwas Urlaub und meine Mutter wollte uns in unser neues Haus begleiten. Ende August startet mein Mann erneut die 3000 km lange Reise nach Spanien. Mein Opel Vectra behielt ich in Deutschland, mein Mann starte mit unserem zweiten Auto, einem VW Passat Kombi. Praktisch, denn er hatte natürlich viel mehr Ladefläche! Schon Wochen vor Antritt der Reise wurde unser Studio im Obergeschoß unseres Hauses zu einem Warenlager!

Aus Spanien erhielten wir ab und an mal einen Anruf des Ravi. Ja, die Arbeit mache Fortschritte! Die Außenmauern des Schuppens sind bereits fertig. Oft erreichten wir ihn jedoch nicht, das Handy war ausgeschaltet.

Dann kam die Abreise. Zwischenzeitlich hatten auch wir Mobiltelefone, die Angst der langen und gefährlichen Reise wurde durch die Möglichkeit, meinen Mann jederzeit telefonisch zu

erreichen, etwas gemildert. Wir trafen genaue Absprachen, wann und wie oft er sich melden wollte. Dennoch, es lagen erneut 3000 km Autofahrt vor ihm, die er ganz alleine bewältigen musste und wollte.
Bis Paris ging es in einem Rutsch und ohne Komplikationen. Leider verstellte ein Schild die Weiterfahrt auf dem Abschnitt der Pariser Autobahn. Nun war guter Rat teuer, in der Nacht waren keine Fahrzeuge zu sehen, eine detaillierte Karte besaßen wir nicht. Über neunzig Minuten irrte mein Mann durch Paris, endete in der Nähe Versailles. Dort entdeckte er dann einen Hinweis, der ihn wieder in die richtige Richtung brachte.

Die folgenden Zeilen schreibe ich nun nach den Erzählungen meines Mannes. Wäre ich dabei gewesen, sicherlich hätte es einen anderen Verlauf genommen, aber lesen Sie selbst.
Gegen Mitternacht fuhr mein Mann mit unserem Passat auf unser Grundstück. Leute Musik empfing ihn, alle vorhandenen Lampen brannten. Im Salon fand er Ravi vor, stockbesoffen!
Bei einem kleinen Blick auf den Baufortschritt stellte sich sehr schnell heraus, die meiste Zeit hatte Ravi mit der Flasche und nicht mit der Maurerkelle verbracht. Ravi wurde noch in der gleichen Stunde nach Hause geschickt, für den nächsten Morgen wurde ein Treffen in der Bar am Ende des *Caminos* vereinbart.
Ravi hatte, so berichtete er, die Nacht im Graben verbracht, es ist warm im Sommer in Spanien! Die Fahne des alten und des bereits am Morgen getrunkenen Anis wehte ihm weit

voraus! Eine gute Grundlage für einen arbeitsreichen Tag!
Dieser erste Tag stand ganz im Zeichen des Badezimmers. Bis zu unserer Ankunft, meine Mutter sollte mich ja begleiten, am 14. September, musste das Bad fertig sein!
Es wurden Fliesen und die erforderlichen sanitären Anlagen gekauft. Zuerst entfernten die Männer mit Muskelkraft und viel Staub die alten Einbauten und Fliesen. In diesem kleinen Badezimmer war neben der Toilette, dem Waschbecken, der 3/4 großen Badewanne auch noch ein Bidet eingebaut. Viel zu viel für den kleinen Raum.
Nachdem der Raum besenrein war, sollte nun Ravi die Fliesen verlegen. Immer deutlicher wurde jedoch seine Vorliebe für Bier! Es ging voran, aber langsamer als geplant. Jeden Abend fuhr mein Mann Ravi im Auto nach Hause. Ich denke, wir bleiben dabei seine Unterkunft auch sein Zuhause zu nennen. Auf dem Grundstück des Flo, den wir rausgeschmissen hatten, parkte zwischen dem Müll ein alter Ford-Transit, ich berichtete ja bereits darüber, in dessen Inneren Ravi auf dieser alten Matratze schlief. Um die Durchführung der Arbeit einigermaßen sicherzustellen, fuhr mein Mann also nun jeden Morgen zu Flo 's Haus, holt Ravi ab um ihn dann am Abend wieder dorthin zurückzubringen. Alkohol kostet Geld! Geld muss man sich verdienen. Große Summen darf Ravi nicht in die Hände bekommen. Viel Geld hieß viel Alkohol und das bedeutete schlechte oder gar keine Arbeit.
Horst und Silke wollen meinen Mann sprechen, berichtet Ravi. Also machte mein Mann sich

auf den Weg, die beiden zu besuchen. Der gerade anwesende Flo verdrückte sich schnell, als mein Mann mit dem Auto vorfuhr. Horst teilt meinem Mann mit, Ravi hätte den ganzen Betrag des hinterlegten Geldes, es war eine vierstellige Summe, ein mittleres Gehalt in Deutschland, zuerst, wie vereinbart, tageweise abgefordert. Jeden Morgen erhielt Ravi etwa 2000 Peseten, also etwa 12 Euro. Aber irgendwann sagte er, das wäre ihm zu dumm. Horst sollte ihm den ganzen Betrag geben. In einer Nacht hat er das Geld ausgegeben. Nun haben wir also einen Schuppen, der nicht mal im Rohbau fertig ist, und der bereits gezahlte Arbeitslohn ist weg. Die Hoffnung, mit Ravi den Schuppen zur vollen Zufriedenheit fertig zu stellen, war längst entschwunden.

Bereits im Juni hatte mein Mann einen *Escayolista*, wir würden sagen ein Stuckateur oder Gipser, bestellt. Die Decke in unserer Küche soll abgehängt werden. Die Decken in den Häusern sind sehr hoch, man erzielt dadurch ein besseres Raumklima. Der *Escayolista* kommt wie bestellt und arbeitete sehr ordentlich, wenn er denn dazu kam. Ravi stand neben ihm. Er dröhnte ihn voll, mit seinem Geschwätz, wusste alles besser und hielt den Mann nur von seiner Arbeit ab. Mein Mann schaute es sich eine gewisse Zeit an, bat Ravi dann aber, sich um seine Arbeit zu kümmern und nicht so viel Bier bei der Arbeit zu trinken. Das war ein folgenschwerer Fehler! Ravi stellte sich mit ausgebreiteten Armen, groß und schwer wie ein Geldschrank, vor meinen Mann und beschimpfte ihn als Sklaventreiber. Es wäre seine Sache, wann er arbeitete und wie

viel Bier er trinke. Mein Mann erwiderte: nein, es ist meine Sache. Ich bezahle deine Arbeit und auch das Bier, das du trinkst. Das Gespräch, wenn man es so bezeichnen will, eskalierte. Ravi bietet an, meinem Mann Spanier zu bringen, die die Arbeit am Schuppen vollenden würden, für nur 5000 Peseten. Er würde nicht mehr für uns arbeiten. Er ließ alles stehen und liegen und ging.
Die abschließenden Arbeiten am Badezimmer verrichtete mein Mann alleine. Viel ist noch nicht passiert. Einen Vorteil hat das Ganze ja, das Geld für die vielen Liter Bier sparen wir jetzt!
Manchmal hat Ravi schon eine Palette Bierflaschen geschafft!
Sie kennen diese Paletten? 24 Flaschen je 25 ml. Wenn man rechnet, es sind 6 Liter! Na dann Prost auf eine gute Gesundheit!

Blick in die Baustelle Badezimmer

Das im Juni bestellte Bett, meine Mutter muss ja auch irgendwo schlafen, wurde fristgerecht geliefert, Kurve wieder rauf, ein Lichtblick im Chaos.
Ravi kam öfter zu unserem Grundstück, er machte sich mit bösen Worten und lauten Schlägen an das Tor bemerkbar und er fordert die Herausgabe seiner Maschinen! Scheinbar hatte Ravi beim Verlassen des Grundstücks noch eine Maurerkelle oder eine Flasche Alkohol auf unserem Land hinterlassen. Es war meinem Mann nicht bewusst, noch hat er irgendwelche Dinge gefunden, die Ravi gehörten. Von seiner endlosen Wut getrieben erstattet Ravi Anzeige bei der Spanischen Polizei. Er bezichtigte meinen Mann des Diebstahls (nun war die Kurve ganz unten). Die Mitteilung überbringt ein Polizist, der meinen Mann auffordert, zum Haus der Guardia Civil nach Chiclana zu kommen.

Unsere Straße, wie auch die anderen Straßen der kleinen, in Deutschland würde man es Vororte oder Gemeinden nennen, hatte einen Straßenpräsident. Es ist nicht der Präsident, dessen Haus wir gekauft hatten, er ist der Oberpräsident! Unser Straßencowboy, so nennen wir ihn immer, begleitet meinen Mann darauf hin zur Guardia Civil in der Stadt. Er machte seine Aussage, damit war die Sache erledigt. Das Ravi der Polizei bekannt war, ergab sich aus dem Gespräch, und nicht nur Ravi, sondern auch Flo. Er sollte angeblich sogar als Spitzel für die spanische Polizei gearbeitet haben. Wir werden es nie erfahren. Aber dass muss man auch nicht!

Durch diese Anzeige hatte mein Mann einen neuen Freund fürs Leben gefunden, unseren Straßencowboy! Er drängte sich und seine Hilfe auf. Er war immer und zu jeder Zeit für uns da! Ein wirklicher Freund!

Am 14. September landeten meine Mutter und ich nach einem Zwischenstopp in Barcelona auf dem Flughafen Jerez de la Frontera. Zehn Tage Urlaub sollten es werden. Die letzten Urlaubstage meines Lebens! Aber, dass wusste ich zu diesem Zeitpunkt noch nicht.
Ich war erstaunt und überrascht, das Bad war wunderschön geworden. Die letzten Fehler an meiner neuen Küche waren noch nicht behoben! Aber der falsche Kühlschrank hatte nun endlich dem neuen und richtigen weichen müssen! Eines Tages würde er sicherlich auch das passende Frontdekor bekommen, es fehlte noch immer.
Während unseres kurzen Aufenthaltes blieb die Arbeit mehr oder weniger liegen. Ich bekam sogar das Meer zu sehen, wir genossen die Abende im Garten, wenn er auch noch ziemlich wild aussah und wir immer noch auf den ursprünglichen alten Plastikstühlen saßen!

Wir verlebten einen sehr schönen Urlaub, meine Mutter schlief in dem kleinen Gästezimmer in unserem neuen Bett. Nur gelegentlich wurde sie mit den Problemen um den Bau konfrontiert, zum Beispiel, wenn sie spät am Abend unter der Dusche stand und der Strom ausfiel. Sie erlebte einen Urlaub der ganz besonderen Art. So etwas bekommt man nicht überall!

Als ich am Ende meines Urlaubs am Flughafen durch die Sperre der Abfertigung ging, schloss ich mit dem lieben Gott ein Abkommen! Nie wieder wollte ich fortfliegen müssen und meinen Mann alleine zurücklassen! Noch heute genieße ich es, wenn wir Gäste zum Flughafen bringen, bleiben zu dürfen, nicht nach Deutschland zurück zu müssen! Wie gut es uns hier geht, empfinde ich immer am Flughafen ganz besonders stark. Schon seltsam. Vielleicht sollte man, wenn man mal mürrisch ist oder sonstige Probleme hat, zum Flughafen fahren!

Ich arbeite noch genau sechs Tage in meiner Firma, dann wurde ich krank. Ein erneuter Bandscheibenvorfall, ich sollte nie wieder arbeiten. Aber, das wusste ich zu diesem Zeitpunkt noch nicht.

Kurz nach unserer Abreise meldete sich die Sevillana, der Stromanbieter Spaniens, bei meinem Mann. Endlich sollte der eigene Anschluss erfolgen. Die Vorarbeiten leistete der Sohn des Nachbarn, den eigentlichen Anschluss und die Montage des Zählers erledigte die Sevillana selbst. Nun endlich konnten wir Strom abnehmen, ohne auf den Klingeldraht des Präsidenten zu hoffen! Jedoch stehen jedem Anwohner nur 3,5 KW zur Verfügung. Alleine unsere Sauna in unserem Haus in Deutschland benötigt einen Anschluss von 9 KW!

Mein Mann arbeitete wie ein Besessener. Der Schuppen musste mit einer zweiten Mauer verstärkt werden, die Arbeit des Ravi war, sagen wir es wie es war, nicht das Schwarze unter den Nägeln wert! Wir hatten viel Geld bezahlt für seine Arbeit, die nicht einen Penny wert war. Und der Schuppen war nicht fertig geworden. Vielleicht war es, mit der nötigen Distanz beobachtet, genau richtig, denn hätte Ravi den Schuppen fertig gestellt, eines Tages wäre der Abstellraum durch die Last des Daches eingestürzt.

Rohbau des Schuppens

Bei einem kleinen Erfrischungsdrink in der Bar am Ende der Straße nahm ein Bauunternehmer Kontakt mit meinem Mann auf. Er bot sich an, hätte er doch gehört, wir wollen noch anbauen!
Anhören kann man sich schließlich alles, dachte mein Mann. Was wir bis zum Abschluss

der Bauarbeiten nicht ahnten: Ravi hat diesen windigen Bauunternehmer auf uns angesetzt.
In den nächsten Tagen erschien er tatsächlich, eine Dolmetscherin in seiner Begleitung, bei meinem Mann. Später erfuhren wir, sie hatte 5.000 Peseten also 30.-€, für die Übersetzung des Gespräches verlangt. Dieser Bauunternehmer, er bekommt jetzt von mir den Namen Paco, wie er natürlich nicht wirklich heißt, sah sich die Baupläne an und versprach ein Angebot dafür zu erstellen.
Relativ schnell kam Paco mit der Offerte zu meinem Mann, allerdings alleine, ohne Dolmetscherin. Die Arbeit sollte ja erst viel später erfolgen, vielleicht nächstes oder übernächstes Jahr, erklärte mein Mann. Aber wie sieht es denn mit dem Dach des Schuppens aus? Ein Dach zu decken muss man gelernt haben, noch dazu in Spanien. Hier werden die Dächer ganz anders gedeckt als in Deutschland. Auch die Dachpfannen sind nicht mit deutschen Pfannen zu vergleichen.
Paco ist nicht dumm, er machte ein verlockendes Angebot, aber sagt auch, man könnte es erst im Frühjahr decken. Wir haben inzwischen Ende November, also zu unbeständiges Wetter für Arbeiten am Dach.
 Paco und mein Mann sind sich über den weiteren Verlauf des Bauvorhabens am Casa Esperanza einig. Es war also Zeit die Segel einzuholen. Während der Abwesenheit meines Mannes bleibt unser Auto auf unserem Grundstück in Spanien stehen! Unser neuer Freund der Straßencowboy hat die Schlüssel unseres Hauses bekommen, damit er mal nach dem Rechten sehen kann!

Es gab hier jetzt nichts mehr zu tun. Deutschland und das bevorstehende Fest riefen.
Kapitel 5

Am ersten Dezember konnte ich endlich meinen Mann am Hamburger Flughafen in die Arme schließen.
Deutschland im Weihnachtsfieber! Wir waren es eigentlich nicht. Der Schmerz oder die Wut über uns selbst, über die fehlende Menschenkenntnis in Bezug auf Ravi verflog ein wenig. Und genau in diese Situation hinein kam ein Anruf, der unseren Traum der Zukunft ganz gravierend beeinflusste.
Meine Tante sei gestürzt, ins Krankenhaus gekommen und nun, an den Folgen des Oberschenkelhalsbruches, mit 88 Jahren gestorben. Sie war schon länger krank, aber an ein so schnelles Ende hatte ich nicht gedacht. Meine Tante lebte in einem alten, aber sehr großen Haus in Schleswig Holstein. Ganz nebenbei möchte ich erwähnen, dass ich die alleinige Erbin meiner Tante war. Meine Großmutter hatte mir bereits zu Lebzeiten das Haus überschrieben und meine Tante nutze lediglich ihr lebenslanges Wohnrecht. Sollte mein Abkommen mit dem lieben Gott schon erfolgreich gewesen sein?
Tagelange Arbeit im Hause meiner Tante folgte. An Weihnachten war nicht zu denken, aber es war uns auch nicht so wichtig. In alten Erinnerungen stöbernd, entdeckten wir auch die Sparbücher meiner verstorbenen Tante! Nun schien der Weg für unsere Anbauten etwas leichter zu werden.

Zuerst Ravi, dann meine Tante; ich muss an dieser Stelle wieder einen Spruch einer Postkarte, die ich bei einem Gang durch ein Einkaufszentrum entdeckte, zitieren:

> Das Glück verlässt uns nicht.
> Es verreist nur von Zeit zu Zeit!

Die Abwicklung der Räumung des Hauses meiner verstorbenen Tante nimmt mehr Zeit in Anspruch, als wir es uns je hätten träumen lassen. Es ist ein Haus mit über 300 qm Wohnfläche auf zwei Ebenen. Und meine Tante gehörte, wie so viele andere auch, zur Gattung der Sammler, nicht der Jäger! Aber auch diese Hürde nahmen wir leicht und locker. Wobei ich nur als Berater zur Seite stehen konnte, mein Rücken machte es mir unmöglich, selbst Hand anzulegen. Außerdem war ich krankgeschrieben!
Den Januar 2001 nutzten mein Mann und ich um Pläne zu schmieden. Was wäre wenn? Ob wir es uns leisten könnten? Was wohl beim Verkauf des Hauses übrig bleibt? Stunden planten wir, bastelten an unserer Zukunft! Ich, auch Ihnen als positiver Mensch bekannt, fasste den Entschluss: ja, es klappt.

Ich beauftragte einen Makler mit dem Verkauf unseres Hauses! Über vierzehn Jahre hatten wir hier gewohnt und sehr viel Kraft in dieses Haus investiert. Nun sollte es einem anderen Menschen gehören! Hier würde auch der Spruch: „Beim ersten Mal tut es noch weh!", passen, aber ich denke, wir lassen es lieber! Nach dem Erhalt des Erbscheines, so

etwas dauert ja immer einige Tage oder Wochen, erteilte ich auch den Verkaufsauftrag für das zwischenzeitlich leer stehende Haus in einer kleiner Stadt in der Nähe von Elmshorn und Pinneberg.
Die beauftrage Maklerin macht uns Hoffnung! Was sich jedoch als Fehler herausstellen sollte!

Es kommt der Februar und mein Mann wird unruhig, so viel Arbeit ist noch zu erledigen! Während wir eigentlich nur warteten, auf einen, oder besser auf zwei Interessenten, für die beiden Häuser, beschloss mein Mann erneut nach Spanien zu fliegen.
Am Valentinstag ging sein Flieger erneut Richtung Jerez de la Frontera. Und ich war wieder alleine zu Hause, alleine mit unserem Hund, den ich noch gar nicht erwähnte. Carlos, wie der Spanische König, so heißt unser Schäferhund, er als Einziger weiß zu diesem Zeitpunkt, was wir vorhaben! Weder meine Mutter noch meine Kollegen waren eingeweiht in die Pläne und in das bevorstehende Ziel, Deutschland für immer zu verlassen, das endlich so nah gekommen war.
Dennoch dauerte es länger, als ich es gehofft hatte.
Aus dem Nichts erscheint eine mir unbekannte Person und beschuldigt mich, ein angeblich vorhandenes Testament unterschlagen zu haben. Es gab jedoch nie ein Testament. Die Hoffnung darauf, in den Genuss einer unbekannten Summe Geld zu gelangen, durch den Verkauf des Hauses, hatte eine weitläufige Bekannte meiner verstorbenen Tante an die

Oberfläche geholt. Die Nachlassstelle in Kiel gewährt ihr vier Wochen um das Testament beizubringen. Für mich bedeutet es, ich muss einen Monat warten um handeln zu können. Nicht mehr, aber auch nicht weniger. Von ihr haben wir nie wieder etwas gehört.

Aber, wie sagt der Spanier immer: „*vamos a ver*", was so viel heißt wie, „schauen wir mal". Oder sie wenden den anderen Spruch an, der hier auch zu jeder Zeit paßt: „*mañana otro dia*", morgen ist auch noch ein Tag!

Kapitel 6

Der grüne Passat mit deutscher Nummer steht pflichtbewusst am Flughafen um meinen Mann wieder einzuladen, es ist der 14. Februar, Valentinstag. Ein Bekannter, auch aus Deutschland, der mit seiner Frau in der Nähe Conils ein Haus am Strand baute, wir hatten ihn in der Bar durch Ravi kennen gelernt, fährt unseren Wagen.
Froh und voller Tatendrang betrat mein Mann unser Haus, für das er schon so etwas wie Heimatgefühle empfand.
Relativ schnell stellte er einige Ungereimtheiten fest. Zuerst bemerkt er das Fehlen des Ölradiatoren, den man in den ersten Monaten des Jahres am Abend durchaus benötigte. Aufmerksam geworden, läuft er suchend durch das Haus, ob vielleicht noch andere Dinge verschwunden waren. So fehlte im Bad ein Fön, sollte er die Abwesenheit meines Mannes

für einen Ausflug genutzt haben? Vielleicht gemeinsam mit dem Radiator?
Ersatzweise liegen dafür Krümel auf dem Esszimmertisch, die eine weitere Spur in die Küche und zur Mikrowelle legen. In ihrem Inneren befinden sich verdorbene Lebensmittel! Erschöpft von der Reise zog mein Mann jedoch erst eine Dusche vor. Als das Wasser kalt aus der Leitung kam, die Gasflasche aber vor Abreise gerade erneuert worden war, konnte man auf die Idee kommen sein, auch sie hätte sich dem Ausflug der Elektrogeräte angeschlossen.
Ein Kontrollblick ließ jedoch erkennen, die Flasche stand an ihren alten Platz, jedoch ohne Inhalt. Sie war leer.
Der erste Gang führte zu unserem Straßencowboy. Er hatte ja die Schlüssel für unser Haus und wollte mal nach dem Rechten sehen. Leider war er nicht im Haus, jedoch seine Tochter öffnet die Tür. Ja, der Ölradiator sei bei ihnen, sie hätten ihn dringend benötigt, es sei so kalt zurzeit!
Kurzerhand schulterte mein Mann den Radiator und bat die Tochter, ihren Vater zu uns zu schicken. Dann kehrte er in unser Haus zurück. Viel später entdeckte er nicht nur total verdrecktes Werkzeug sondern auch fehlende Teile! Würden Sie meinen Mann kennen, würden Sie es wissen, verdrecktes Werkzeug gibt es bei uns nicht! Es liegt immer alles gereinigt an seinem festen Platz.

Am nächsten Tag erschien der Straßencowboy tatsächlich in unserem Haus. Er freute sich, meinen Mann wieder zusehen. In seiner Hand der Fön, seine Tochter hätte ihn sich nur

ausgeliehen, da der eigene defekt gewesen wäre. Die Gasflasche, ist doch klar, es kommt schon vor, das ist ganz normal, das Gas entweicht von alleine! Werkzeug, nein, auch die Krümel und die benutzte Mikrowelle, das wäre er nicht gewesen. Sicherlich unsere deutschen Bekannten, mit der Schlüsselgewalt über Haus und Auto. Für uns stand fest, sie sind es nicht gewesen, ganz sicher nicht. Beweisen können wir es dem Straßencowboy nicht, es war aber eine Erfahrung mehr, die uns das Leben in Spanien gelehrt hat. Es sollten noch viele Erfahrungen folgen.
Die vier Wochen, die mein Mann nun in unserem Haus verbrachte wird, sind gezeichnet von Arbeit!

Unser Haus,
bevor die großen Bauarbeiten begannen

Der Bauunternehmer Paco kam pünktlich, was nicht immer so normal ist in Spanien. Das Dach des Schuppens wurde zügig gedeckt. Gleichzeit wurden im Inneren und um den Schuppen herum Fliesen verlegt. Eine schnelle und saubere Arbeit. Damit hatte sich Paco wohl für den Auftrag der geplanten Anbauten qualifiziert! Immer wieder erkundigte er sich, wann er denn anfangen könne? Auch er müsste planen, die anderen Baustellen koordinieren, die Arbeiter einteilen! Sicher, immer unsere Antwort, du erfährst es natürlich zuerst!
¡ *vamos a ver* !

Viel schneller als erwartet vergingen die vier Wochen. Mein Mann wäre gerne produktiver gewesen, der Garten sah schrecklich aus. Dennoch, der Rückflug nach Deutschland kommt und mit ihm das erneute Abschied nehmen. Unsere deutschen Bekannten versprechen ab uns an ins Haus zu fahren, ein Kontrollblick auf alles zu werfen. Der Straßencowboy bekommt keinen Schlüssel mehr, aber ich muss es wohl nicht extra erwähnen.
Wieder die Fahrt zum Flughafen, immer mit dem Gefühl im Magen, es dauert nicht mehr lange!

Kapitel 7

In Deutschland gab es jede Menge Arbeit. Mein Mann begleitete mich auf zahlreichen Fahrten zu allen möglichen Ämtern, wie zum Nachlassgericht, zur Erbschaftssteuerstelle, zu diversen Versicherungen, der Schleswag (ein

Stromanbieter in Schleswig Holstein) und zu den Banken. Die Abwicklung der Erbschaft war nicht so einfach. Besonders glücklich war ich daher, endlich meinen Mann, wenn auch nur für kurze Zeit, an meiner Seite zu wissen.
Was uns nicht sonderlich glücklich stimmt, war der Verlauf der Aktivitäten der Makler. Weder in meinem „geerbten" Haus noch bei uns tat sich so richtig was. In der Abwesenheit meines Mannes hatte die Maklerin gerade mal einen Kaufinteressenten geliefert, für das zweite Haus schien sich niemand zu interessieren. Ich war immer noch krankgeschrieben. Der Arbeitgeber war natürlich, das meine ich ganz ehrlich, nicht gerade glücklich über diese Situation. Dennoch konnte ich ihn nicht einweihen in unsere Pläne.
Die Krankenkasse, ich war zum Glück privat versichert, fing auch an, mir Schwierigkeiten zu bereiten. Wenn wir ganz ehrlich sind, es gibt eigentlich gar keine Krankenkassen! Es handelt sich immer nur um Gesundkassen! Ist man gesund, freuen sie sich, ist man krank, und dafür ja eigentlich versichert, ist man nicht gewollt! So ist es im Leben, Sie werden es auch kennen!

Die Zeit verging, mein Mann plante und dachte an Spanien, ich hoffte auf einen Käufer. Der 25. Mai. 2001, kein Tag wie jeder andere, steht vor der Tür. Es ist der Tag, der uns wieder trennt. Die Flugpläne und die Daten machen es mit möglich, mich auch noch Jahre später genau daran zu erinnern, Valentinstag oder 25. Mai, unser Hochzeitstag.

Kapitel 8

Mein Mann flog *one way*, ohne Rückflugtermin. Für mich ist es ein Gefühl, das ich nicht gerne erlebte. Es tat weh und ich blieb wieder alleine in Deutschland zurück.

Paco kam und freute sich, endlich bei uns anfangen zu können. Zuerst müssten die Pinien weg, die das Grundstück umgeben. Danach sollte eine Mauer gezogen werden, Stein auf Stein. Ihren Abschluss bildeten Platten, die wie ein Satteldach aufgelegt werden. Später würde dann noch ein zweifarbiger Anstrich die Mauer vollenden.
Alle Grundstücke sind hier von einer hohen Mauer umgeben, zum Schutz vor dem starken Wind, es ist üblich, nicht etwa, so wurden wir auch schon von Besuchern angesprochen, weil wir Ausländer sind!
Außerdem, so Paco's Worte, ist es besser, man kann nicht so genau sehen, was auf dem Grundstück passiert und es ist auch viel sicherer!

Zahlreiche Leute arbeiteten auf unserem Grundstück. Da war zum Beispiel ein Spanier, dessen Vorfahren aus Tunesien stammten. Ein großer Spezialist! Dann ein Arbeiter, Juan Limpio, der nur als so genannter Hiwi (Hilfs – Willi) eingesetzt werden konnte. Seine Mischung zum Mauern besteht oft nur aus Sand, den Zement hatte er wieder mal vergessen. Wenn die Leute nach der Mittagspause mit ihrer Arbeit begannen, dachte er schon an den Feierabend und begann mit dem Aufräumen

und Saubermachen! Als mein Mann ihn dabei erwischte, wie er sein „Geschäft" in die Brauseflasche seines Kollegen verrichtete, war allerdings dann auch für ihn Feierabend, aber endgültig! Dann gab es noch Juan loco, er nimmt einen Sack Zement, legte ihn sich über die Schulter und ließ dann den Inhalt in die Mischmaschine laufen! Ähnlich verhielt es sich, wenn er Bier trank. Er setzte die Literflasche an und ließ das Bier laufen, hinab durch die Kehle, ohne auch nur einmal zu schlucken. Bis die Flasche leer war! Der Chef der Spezialistentruppe, also Paco, erschien immer morgens so gegen 10 Uhr oder 10.30 Uhr, ging umher, schaute und tat sehr wichtig. Nach der Frühstückspause war er dann aber wieder verschwunden!
Den Rest des Tages hatte er sehr wichtige Termine, wir erfuhren es erst viel später, in diversen Bars mit den Herren vom Bierhahn! Ab 15 Uhr begann dann seine Schlafpause, die bis zum Feierabend anhielt. Gegen Abend, kurz vor dem Feierabend der Arbeiter erschien er dann erneut für eine knappe viertel Stunde.

Es sollte nicht so recht vorangehen, mit der Mauer. Es wurde kurzerhand eine Wochenendschicht eingelegt. Sechs Leute durften antreten und schafften, bis zur endgültigen Fertigstellung der Mauer. Sie ist etwa 90 Meter lang und 2,20 Meter hoch! Nachdem langsam die Dunkelheit am Sonntag einsetzte, war die Mauer endlich fertig! Es fehlt noch der Anstrich, aber Rom ist ja auch nicht an einem Tag erbaut worden.

Am Montag erschien Luis mit seinem Bagger! Einen ganzen Tag hob er eine Grube aus und verteilte das Erdreich auf dem Grundstück. Die Grube war etwa 7x15 Meter groß und 2,50 Meter tief!
Hier sollte unser Pool entstehen, unsere *Piscina*, so sagt man bei uns. Ein wirklich sehr großer LKW lieferte die Eisenstangen, die immerhin eine Länge von zehn Metern haben. Unser Camino ist sehr eng, der LKW schaffte es nicht, rückwärts auf das Grundstück zu fahren. Der Kran hat Probleme die Stangen auf das Grundstück zu befördern, da oberhalb der Mauer ein Stromkabel verläuft. Kurzerhand wurden einige Steine der neuen Mauer entfernt und es klappte!

Eisenkorb wird auf dem
Teilfundament geflochten

Wie entsteht ein Pool? Zuerst wird der Boden der ausgehobenen Grube geglättet, mit einer

zehn Zentimeter dicken Betonschicht, die den ersten Teil des Fundamentes bildet, bedeckt. Darauf wird rundherum eine Steinmauer gezogen und im Inneren ein Eisenkorb befestigt. Das Metall wiegt 1,5 Tonnen, es sind alles einzelne Stangen, die zu einem Korb geflochten werden. Es folgt eine erneute Schicht Beton auf dem Boden, der nun den Eisenkorb einschließt. Zwischen die erste und die nun, mit einem Abstand von etwa 20 cm zweite hochgezogene Mauer, wird später ebenfalls Beton geschüttet.
Den Einstieg bilden rund angelegte Stufen. Der Pool wird von innen verputzt und die erste Technik wird installiert. Zwei Skimmer, durch die der Pool, wenn die Umwälzanlage läuft, gereinigt wird, Lampen für ein tolles Nachtschwimmen, ein Wasserzulauf und Ablauf! Gleichzeitig entstand ein kleines Häuschen, am Rande, in das die Technik eingebaut wird. Um den Pool herum soll eine Soleria, eine Sonnenterrasse, entstehen. Sie erinnern sich, am Anfang berichtete ich, wir hatten immer Sand im Wasser! Richtig, dieses stellt sich jetzt als wirkliches Problem heraus. Sand hat in einem Pool nun wirklich nicht das Geringste zu suchen!
Paco bestellt einen Posero zu uns, ein Spezialisten (ein Fachmann wäre besser gewesen!) für Brunnen. Er spült den Brunnen durch, es kostete 30.000 Peseten (180 €) und hat gar keinen Erfolg! Nun hört sich das alles so einfach an, es dauerte aber alles so seine Zeit. Jeden Tag kamen neue Spezialisten, die alle versuchten, möglichst schnell Geld zu verdienen, jedoch ohne eine wirkliche Leistung zu

erbringen! Arbeiter, die bereits anwesend gewesen waren, erschienen nicht, mit der Erklärung des Chefs: Ja, der regelt heute seine Papiere! Dafür kamen andere Arbeiter! Damals wußte ich nichts mit dem Ausspruch: „der regelt seine Papiere" anzufangen. Seit wir hier leben, haben auch wir schon manchen Tag damit verbracht, unsere Papier zu regeln, es dauert hier eben alles sehr viel länger!

Neben den Arbeiten am Pool begann man gleichzeitig das Ringfundament für den ersten Anbau auszuheben. Hier kam wieder der Kollege mit dem Bagger zum Einsatz. Die Bodenplatten wurden geschüttet und die Arbeiter begannen die Wände hoch zu mauern.

Fundament und Ringansatzmauern
des ersten Anbaus

Juan Limpio, der ja nicht mehr bei uns arbeitete, hat einen Bruder! Er wusste, dass Mauersteine viereckig sind, mehr aber nicht. Mit diesem Wissen war er damit eine wirklich große Hilfe auf dem Bau! Einer musste immer seine Augen bei ihm haben, oft auch mein Mann! Bis dahin hatte ich immer gedacht, man beauftragt eine Baufirma, die alle Arbeiten für einen erledigt. Hier in Spanien ist es aber ganz anders. Man muss wirklich immer anwesend sein und sollte auch etwas von der Materie verstehen.

Sechs Wochen sind vergangen. Der Steinmetz erschien, nicht was Sie denken, er nahm die Maße für die Poolabdeckung. Rundum den Pool wurden weiße breite Steinplatten verlegt, die den Abschluss des Pools bilden. Sie wurden maßangefertigt. Erst beim vierten Versuch, die Platten abzuholen, hatte der angeforderte Fuhrunternehmer endlich Erfolg. Hier ist es üblich, dass man seinen eigenen Fuhrunternehmer beauftrag um Materialen zu befördern. Sicher, Sie haben Recht, die großen Firmen liefern auch ihre Waren nach Hause. Der Preis für die Fahrt ist in der Regel aber höher.

Die Decke des ersten Anbaus wurde geschüttet und gleichzeitig die Platten auf der zukünftigen Sonnenterrasse verlegt. Ein neuer Spezialist erschien, der Elektriker! Wenn Sie denken, Sie kennen sich aus mit solchen Sachen, dann sollten Sie mal nach Spanien kommen! Hier ist alles, wirklich alles anders! Es werden Leerrohre verlegt, durch die einzelne Litzen gezogen werden. Nicht etwa oben an den Wänden,

nein kreuz und quer durch das Haus am Boden entlang! Manchmal werden drei, oft aber auch nur zwei Litzen verlegt. Im Schlafzimmer zum Beispiel, so die Meinung der Spanier, benötigt man keine Erdung! Bei einem späteren Schaden eine Leitung wieder zu finden, dürfte schwierig sein. Aber wozu auch? Die Arbeiten werden schließlich von echten Profis vollzogen, warum sollte es Probleme geben?
Wir haben nun etwa Anfang August. Die Sonne brennt, oft sind über 50 ° auf der Baustelle!
In Deutschland, wo ich immer noch alleine die Stellung hielt, hatten sich noch immer keine Käufer für unsere Häuser gefunden!

An einem ganz normalen Arbeitstag verließ mein Mann für etwa vier Stunden die Baustelle. Er erledigte dringende Einkäufe. Nach seiner Rückkehr hatte Paco, als hätte er genau auf diese Situation gewartet, in Windeseile das Ringfundament für den zweiten Anbau ausheben lassen. Ganz klar, dafür hatte Paco keinen Auftrag erhalten. Mein Mann stellte ihn zur Rede und Paco bekam das erste Mal richtig Ärger! Es gab eine genaue Absprache. Erst nachdem der erste Anbau fertig gestellt ist, erfolgt der zweite! Natürlich hatten wir uns etwas dabei gedacht! Aber Paco wohl auch und wir sollten es erst später begreifen!

Ganz in der Nähe, in Colorado, gibt es die weithin bekannteste und beste Gärtnerei der Umgebung. Neben allen landestypischen Pflanzen kann man Blumentöpfe und andere Accessoires für den Garten käuflich erwerben. An einem Nachmittag, Paco im Schlepptau, bestellte mein Mann einen Steintisch und vier

Bänke. Sie wurden auf der Sonnenterrasse vor dem Pool aufgestellt. Der Tisch ist oval geformt, die Platte zeigt ein buntes und willkürlich gelegtes Mosaik, der Rand ist mit dunkelgrünen Fliesen eingefasst. Die Bänke, zwei gerade und zwei leicht gebogene, sind gleich gearbeitet. Die Beine des Tisches, sowie der Bänke, bilden dicke mit Ornamenten versehene Sockel. Ein schweres Stück Arbeit, im doppelten Sinne. So einen Tisch hatte ich mir immer gewünscht und mir vorgestellt, wie ich nach einem erfrischenden Bad im Pool an so einem Tisch ein Glas Roséwein trinke. Die Sonne scheint senkrecht vom Himmel, ein kleiner Sonnenschirm, leicht schräg gestellt, spendet ein wenig Schatten und macht es erträglicher, hier zu sitzen. Diesen Traum hat mein Mann mir nun erfüllt, mit dem Kauf dieses so typischen Tisches mit den kleinen Bänken.

Der Steintisch ist montiert

Die Arbeiten am Pool ruhten zurzeit, noch immer fehlt der *Gresiti*. Es sind kleine Glassteinchen, die auf einem gaseähnlichen Gitter, 30 x 30 cm groß, befestigt sind. Sie werden im Inneren des Pools verklebt, eine Alternative zu einem Anstrich, der sehr pflegeintensiv ist. Außerdem sieht es wirklich viel schöner aus.
Diese Glassteinchen gibt es in den unterschiedlichsten Farben zu kaufen, wir hatten uns für ein Blau, einen wasserfarbenen Ton, entschieden. Angeblich, berichtet Paco, hat die Firma, die diese Steinchen herstellt, zurzeit Betriebsurlaub! Hochsommer in Spanien, die Zeit, wo viele Pools gebaut werden, da erscheint es unrealistisch, dass die Firma geschlossen haben sollte.

Im Zentrum des Pools sollte außerdem ein Ornament für Abwechslung sorgen. Die Mehrkosten für den Delfin sollen 30.000 Peseten (180 €) betragen, so Pacos Angebot. Es ist ein stolzer Preis, wir hatten aber keine Zeit und sahen auch keinen Anlass, an dieser Aussage zu zweifeln. Geduldig warteten wir ab, den Pool können wir in dieser Saison noch nicht nutzen, also ist *tranquillo* angesagt, ruhig bleiben!
Das Fundament des zweiten Anbaus war geschüttet und kann austrocknen. Einige Tage später, zum Feierabend, erschien Paco, ganz glücklich bei uns. Er hatte endlich den Delfin abgeholt, die Betriebsferien waren wohl beendet. Solche Sonderwünsche waren nicht in unserer Gesamtrechnung enthalten. Daher präsentierte Paco freudestrahlend, über den Karton des Delfins hinweg, meinem Mann die

Rechnung über 80.000 Peseten zzgl. MwSt! Er ist aus allen Wolken gefallen. Angeblich ergeben sich die Mehrkosten aus den Transportkosten, die Firma sitzt in Barcelona!

Blick auf das Innere des Pools
und das kleine Poolhaus

Am nächsten Tag begannen die Arbeiter damit, die Glassteinchen und auch den Delfin im Pool zu verkleben. Mein Mann nutzte die Zeit für eine Fahrt nach Chiclana. Er informierte sich in dem Fachbetrieb nach einem Preis! Ja, Sie haben es erraten, nach dem Preis für einen

Delfin! Er bekam ein Angebot über 68.000 Peseten incl. MwSt. Das ist der Moment, wo Paco zum zweiten Mal richtigen Ärger mit meinem Mann bekam! In unserem Wagen fuhren mein Mann und Paco zu der Firma, die den Delfin besorgt hatte. Dort verlangte mein Mann eine Erklärung, im Beisein des Geschäftsinhabers, über die Preisdifferenz. Für die Spanier ist es eine sehr unangenehme Situation, da sie jetzt, noch dazu im Beisein eines Ausländers, ihr Gesicht verloren haben. Ausreden halfen hier nicht mehr. Sowohl der Chef des Betriebes als auch Paco hatten mit gezinkten Karten gespielt. Leider ohne die Rechnung mit uns gemacht zu machen!
Zu Hause zahlte Paco freiwillig auch noch den Differenzbetrag der Glassteinchen zurück, die durch das zusätzliche Verkleben des Delfins nicht benötigt wurden. Ja, es geht doch, man muss nur auf der Hut sein!
Der Pool war nun fertig, bis auf die Technik. Dafür wurde der uns bereits bekannte Elektriker angefordert.

An der Wand, die hinter dem Pool verläuft, sollte zur Verschönerung ein Kaktusgarten geschaffen werden. Dicke Feldsteine bildeten die Mauer, im Durchschnitt etwa fünfzig Zentimeter hoch. Sie verläuft nicht gerade und lockert somit das Bild auf. Zwischen die Außenmauer und diese Natursteinmauer wurde Erde gefüllt, später dann würde ich zahlreiche Kakteen pflanzen. Diese Natursteine besorgt Paco. Woher auch immer. Wir haben es nie erfahren!

Am zweiten Anbau liefen die Arbeiten auf Hochtouren, obwohl der erste Anbau noch nicht abgeschlossen war, es fehlte, unter anderem, noch das Dach. Spezialisten!

Alle Arbeiten wurden gleichzeitig verrichtet, selten wird eine Arbeit abgeschlossen, bevor etwas Neues begonnen wurde. Irgendwie fehlte hier der Durchblick! Ab und zu half ein netter Spanier bei der Arbeit, er streicht wie ein Weltmeister, konnte gut mauern und hatte immer ausgesprochen gute Laune. Sein Name ist auch Paco, viele Männer heißen hier Paco. Sein Beruf ist Polizist, er arbeitete bei der *Guardia Civil*. Eine sehr geschickte Idee, einen Polizisten zu beschäftigen, erklärte uns Paco, dann hat man sonst keinen Ärger mit der Polizei, eine Krähe hackt der anderen kein Auge aus! Paco Policia, so nennen wir ihn auch noch heute, ist ein Freund des Hauses geworden.

Blick auf einen Anbau

Kapitel 9

Es wird immer enttäuschender, die Maklerin schickte keine Klienten, ein Kontrollblick in die großen Zeitungen bleibt ohne den gewünschten Erfolg, unser Haus ist mit keiner Silbe erwähnt. Verzweifelt greife ich zum Telefon und höre ihre Stimme auf dem Anrufbeantworter. „In der Zeit vom ... bis ... bleibt mein Büro wegen Betriebsferien geschlossen"! Die Maklerin hatte auch Anspruch auf Urlaub, natürlich, wie jeder andere Mensch auch! Jetzt aber stand für mich fest, ich muss es selber in die Hand nehmen. Per Fax sende ich der Maklerin eine Kündigung des Vertrages zu, gleichzeitig ging ein zweites Fax auf die Reise. Der Empfänger ist ein kleines Lokalblatt, mit großer Auflage und die dort geschalteten Anzeigen sind enorm günstig. Sie kennen diese Blätter, sie kommen unaufgefordert zu einem nach Hause in den Briefkasten und berichten über Klatsch und Tratsch aus der Region. Hier sollte nun am Freitag der laufenden Woche meine Anzeige erscheinen.
Nicht lange ließ der Erfolg auf sich warten! 18 Anrufe und acht Terminabsprachen zur Besichtigung des Hauses! Mein Allgemeinzustand hatte sich sofort verbessert, (Kurve rauf!) es ging voran!
Woran es wohl lag, dass ich erfolgreich mit einer kleinen Anzeige war, die Maklerin es aber nicht schaffte, Interessenten zu liefern? Der Ruf, der ihr vorauseilte, war ein guter, sie ist bekannt, daran konnte es nicht liegen. Ein Grund aber könnte ihre Maklercourtage sein, viele Käufer schrecken davor zurück. Alle

Anrufer hielten die Termine ein. Besonderes Interesse zeigte ein Paar aus den neuen Bundesländern. Aber auch aus der nächsten Umgebung kamen Interessierte. Hoffentlich nicht nur aus Neugier, hoffentlich kauft einer der Interessenten! Einer würde mir genügen, dachte ich immer wieder!
Fremde Menschen durch das eigene Haus zu führen, es ist ein Gefühl der Nacktheit. Man fühlt sich, wie ein Löwe in einem Zoo, dem Betrachter ausgeliefert, dazu muss man nett und freundlich erscheinen, aber auch sehr bestimmt und verbindlich auftreten.
Vor jedem Besichtigungstermin hatte ich Staub gewischt, den Boden gereinigt und aufgeräumt, immer wieder, obwohl die Interessenten ja nur das Haus kaufen wollten und nicht mich als Hausfrau! Ich litt mit jedem „Besucher" mehr, konnte es nicht ertragen, wie die Fremden durch mein Badezimmer und mein Schlafzimmer hasteten, auf der Suche nach Intimitäten. Unser Hund litt besonders, seit Monaten war sein Herrchen weg, dann kam er wieder um dann erneut zu verschwinden. Ein Hund kann es nicht verstehen, er leidet, nimmt ab, frisst schlecht und hängt an mir, wie an einem Gummiband befestigt. Während der Besichtigungen musste er in seinen Zwinger in den Garten, was ihm als Aufpasser verständlicherweise überhaupt nicht gefiel.
Es dauerte nicht lange, schon am folgenden Sonntag klingelt es, ein weiterer Interessent hatte sich nicht angemeldet. Das Paar, aus der näheren Umgebung, besuchte mich mit ihrem Hund. Schließlich sollte er sich auch in dem neuen Haus wohl fühlen, erklärten sie mir.

Trotz Regen schleicht er durch den Garten und suchte auch noch den letzten versteckten Büffelknochen unseres Hundes, den ich im Keller einsperren musste! Sie waren interessiert, aber entscheiden konnten sie sich heute noch nicht. Zwei Tage später erhielt ich einen Anruf. Erneut möchten sie mich, diesmal ohne Hund, besuchen. Gegen Abend, etwa 22 Uhr! Nun, ich arbeite nicht, es ist Sommer, warum also nicht? Der Besuch stellte sich als weiterer Test heraus! Ob es wohl am Abend still war? Hörte man Straßenlärm? Ich dachte, an diesem stillen und lauen Sommerabend war die Entscheidung gefallen, sie kauften unser Haus! Verschiedene Gespräche folgten noch, aber der Termin für den Kaufvertrag beim Notar wurde festgelegt. Bis zu dem Termin blieb das Gefühl der Unruhe und Angst. Es ist eine freie Entscheidung, unser Haus zu kaufen, aber genauso könnten sie es sich aber wieder anders überlegen. Bis zur eigentlichen Unterzeichnung blieb die Ungewissheit.

Eine Woche später, an einem Sonnabend hatte mein Mann mit zwei Mann des Bautrupps einen Ausflug geplant. Ziel soll die Extremadura sein. Die besten Schinken werden hier verkauft, dazu noch zu günstigen Preisen! Die schwarzen Schweine liefern den berühmten luftgetrockneten Schinken Andalusiens, den *Jamón Ibérico*. Die iberischen Schweine leben hauptsächlich in der Sierra Morena und Extremadura und ernähren sich von den Eicheln der Kork- oder Seineichen. Mehr wußte ich nicht, mein Mann hatte nur berichtet, ein Tag ohne Arbeit und wenn ich wieder im Hause bin, rufe ich dich an, vermutlich am Nachmittag.

Diesen Tag verbringe ich zu Hause mit einer Bekannten. Eigentlich habe ich mir bis um 16 Uhr noch keine Gedanken gemacht. Mal sehen, vielleicht ist er schon zu Hause, frage ich mich und greife zum Telefon. Eine spanische Stimme am anderen Ende! Ich habe mich bestimmt verwählt, obwohl die Nummer abgespeichert ist! Ein zweiter Versuch. Dieselbe Stimme. Ich frage nach Claus. Wenn Sie Spanier kennen, wissen Sie, welche Reaktion nun erfolgt. Ein Schwall von Worten, leider kann ich nicht folgen. Sollte mein Mann in der Nähe sein, der Spanier wird es berichten, danach wird er sich schon melden! Eine Stunde vergeht, kein Anruf. Ich kreise um das Telefon, greife dann zum Hörer, mit genau dem gleichen Ergebnis, wie schon zuvor. Auf meine Frage nach Claus, kann ich verstehen, nein, Claus ist nicht hier! Aber wo ist er denn? Ich weiß, mein Mann hat gegen acht Uhr am Morgen das Haus verlassen, also es sind jetzt neun Stunden vergangen! Am Telefon ein fremder Mann, mein eigener ruft nicht zurück. Vielleicht sind sie überfallen worden? Ausgeraubt? Oder sie hatten einen Unfall? Vielleicht sind alle im Krankenhaus? Die Zeit vergeht, ich versuche es erneut! Nun meldet sich eine weibliche Person am anderen Ende des Telefons. Das kann ich mir nun gar nicht erklären! Wie oft ich an diesem Abend versucht habe, kann ich nicht mehr sagen! Es ist kurz nach acht Uhr als das Telefon geht! Mein Mann ist am anderen Ende der Leitung! Sollten Sie jemals in einer solchen Situation sein, bleiben Sie ruhig! Ich

bin es nicht geblieben. Ich habe ihn angeschrieen, voller Angst und Erleichterung, endlich seine Stimme zu hören. Dann habe ich den Hörer aufgelegt, ein fataler Fehler. Ich besinne mich einen Moment, dann rufe ich zurück. Nun passiert das Unbegreifliche, für mich. Die fremde spanische Stimme ist wieder am anderen Ende, nein, Claus ist nicht da!
Ich zweifle an mir selbst! Erst kurz vor Mitternacht bekomme ich dann den erlösenden Anruf meines Mannes, der nun wieder zu Hause ist.

Die Geschichte aus der anderen Perspektive.
Mein Mann startet gegen acht Uhr am Morgen mit Paco und dem Tunesier, zwei Spezialisten des Bautrupps in die Extremadura. Sein Mobiltelefon bleibt zu Hause am Bau. Damit der Chef, er ist mit im Auto auf der Fahrt, seine Leute jederzeit erreichen kann, denn sie haben kein eigenes Handy. Die Fahrt geht über Huelva Richtung Badajoz, in der Nähe der portugiesischen Grenze. Als Hinweis, zu der günstigen Schinkenfabrik, suchen die Männer zwei Türme, die auf der linken Straßenseite, kurz hinter Huelva, zu sehen sein sollen. Erst 130 km nördlich von Huelva stehen zwei Türme, jedoch auf der rechten Straßenseite. Den Hinweis auf eine Schinkenfabrik scheinen Egoisten demontiert zu haben!
In einer kleinen Venta, abseits der Hauptstraße, fragen die Reisenden bei einer Erfrischung nach Schinken. Der Wirt verkauft auch Schinken. Ein kleiner Junge, der das Gespräch zufällig mit verfolgt, zeigt den Männern den Weg zu dem elterlichen Geschäft, einem kleinen Supermarkt mit Schlachterei! Die

Männer werden sich schnell einig, sie kaufen acht *Pata Negra Ibérico* Schinken, das Kilo für acht Euro (Normalpreis damals 30 €, heute mindestens 60 €).
Erschöpft, aber überglücklich machen die Männer eine Mittagspause in der kleinen Venta. Die Uhr zeigt kurz nach Vier als die Spezialisten die Rückfahrt antreten. Zuerst jedoch muss der Diesel betankt werden. An der Tankstelle stellt sich heraus, sowohl der Fahrer wie auch Paco haben kein Geld mehr, die Schinken waren wohl teuer als angenommen. Mein Mann beglich die Rechung über 5.000 Peseten.
Nach weiteren fünfzig Kilometern forderte der alte Mercedes 190 – 2,5 D sein Recht auf eine Pause. Der Motor hatte schlapp gemacht. Glück für die Anwesenden und auch für die Schinken im Kofferraum, es sind auch zwei KFZ – Spezialisten mit an Bord, der Bauunternehmer Paco und der aus Tunesien abstammende Arbeiter. In den fünfzehn Minuten Pause wird viel gesprochen, die Motorhaube sogar einmal geöffnet, zu einem Ergebnis kommen die Helden jedoch nicht. Vielleicht lag es ja an der Wärme? Die Fahrt wird fortgesetzt, weitere Pausen, mindestens fünfzehn Minuten lang, folgen, bis Huelva alleine fünf Stopps.
Im Taumel ihres Erfolges, die günstigsten Schinken gekauft zu haben, und beglückt durch die Mobilität des Fahrzeugs, verfehlt der Fahrer, der ursprünglich ja mal aus Afrika kam, die richtige Autobahnabfahrt. Nun folgt auch noch, zu allem Übel, eine Stadtrundfahrt durch Sevilla! Mein Mann, mit einem fotografischen

Gedächtnis, nicht nur für Straßen und Karten, führt den Fahrer letztendlich auf den richtigen Weg nach Hause.
Irgendwann auf dieser Strecke leiht mein Mann sich das Handy des Paco um mich anzurufen. Er weiß nichts von meinen Anrufen auf seinem Handy. Er weiß nicht, dass ich mir seit Stunden Sorgen mache! Warum ich voller Wut das Gespräch unterbrochen habe, kann er auch nicht verstehen!
Nachdem die Leute auf der Baustelle unseres Hauses Feierabend gemacht haben, nahm der Arbeiter auch das Mobil mit nach Hause. Dort hatte natürlich dann auch mal seine Frau ein Gespräch entgegen genommen!
Der Schinken war sehr lecker, die Fahrt dauerte 16 Stunden und ging über eine Distanz von über 900 km! Ende gut, Alles gut!

Der 12. September kam, endlich! Der Notartermin, erfolgreich, der Vertrag unter Dach und Fach. Nun konnte nichts mehr schief gehen. Unser Haus ist verkauft. Die vorerst letzte Hürde auf dem Weg ins Paradies geschafft. Am nächsten Morgen rufe ich in meiner Firma an und bitte um einen Gesprächstermin, es klappt gleich am nächsten Tag. Ich fahre nach Hamburg um mit meinem übernächsten Vorgesetzten zu sprechen. Unverständnis kommt mir entgegen. Nach so langer Zeit, aufgrund der Krankheit? Meine wahren Gründe, den Fortzug nach Spanien, behalte ich für mich, da ich auf sein Wohlwollen angewiesen war. Nach über 25 Jahren habe ich eine lange Kündigungsfrist, auf die der Arbeitgeber nun verzichten solle. Die letzte

Entscheidung kann nur die Personalabteilung treffen, ich erhalte einen neuen Termin für den kommenden Tag. Fast dreißig Jahre war ich für dieses Unternehmen tätig, immer gerne, immer mit großem Einsatz. Ein ganz eigenartiges Gefühl macht sich in mir breit. Ich war noch nie so aufgeregt, wie an diesem Nachmittag. Mein Auto findet einen günstigen Parkplatz, das Gespräch verläuft harmonisch und man bringt mir sehr viel Verständnis entgegen. Die lange Krankheit, keine Aussicht auf Besserung! Ich habe die Zusage, Ende des Jahres läuft mein Arbeitsvertrag aus. Nun ist auch diese Hürde geschafft.
Das allererste Mal in meinem Leben bin ich auf dieser Heimfahrt, meine Gedanken kreisten immer um dieses Gespräch, von einem Radarblitzer erwischt worden! Meine Freundin sagte später, man muss alles in seinem Leben mitgemacht haben!

Kapitel 10

Meine Bekannte Ellen, mehr war sie wirklich nicht, hat die glorreiche Idee, meinen Mann auf dem Bau etwas zu unterstützen. Nicht etwa mit Sand und Steinen, nein, sie will für ihn kochen und schlägt vor, ihren Urlaub, zwei Wochen Anfang September, in unserem Haus zu verbringen. Ich kenne meinen Mann, daher war es für *mich* kein Problem. Die Leute auf dem Bau bekamen sie als meine Cousine präsentiert. Auf den Weg bekam sie von mir die Information: Claus ist kein Taxiunternehmen, hat kein Hotel und keine Zeit! Er lebt auf einer Baustel-

le, kann sich nicht um dich kümmern. Dennoch wollte sie unbedingt diesen Urlaub dort verbringen.
Es wird geredet, wer die Frau wohl ist? Ob seine Frau davon weiß? Meine Bekannte hatte sich ihren Urlaub auch anders vorgestellt, ist jedoch mit ihren Anspielungen und Versuchen bei meinem Mann nicht zum Erfolg gekommen! Ach, übrigens, gekocht hat mein Mann, sie lag in der Sonne!

Aber nicht nur in Spanien wird geredet, sondern auch bei mir zu Hause. Seit Monaten ist mein Mann weg, nur noch ein Auto steht vor dem Haus. Ob sie wohl getrennt leben? Ob er sie verlassen hat? Vielleicht ist der Mann im Krankenhaus, oder gar im Gefängnis? Keiner hat den Mut mich zu fragen, nur unser Nachbar ist eingeweiht, aber er schweigt!

Mittlerweile wird seitlich des Pools eine Außendusche geschaffen! Mit dem angeforderten Fuhrunternehmer, es ist immer derselbe, geht die Fahrt in die Pampa, in die Nähe von Colorado. Dort liegen auf einem unbebauten Grundstück jede Menge Steine, Natursteine, wie man sie auf Feldern und in Gräben findet. Warum die Steine hier liegen, ob sie wirklich für uns sind, wir haben es nie erfahren. Die Natursteindusche ist für mein Empfinden, etwas ganz Besonderes und Einzigartiges geworden.
Es arbeiten zurzeit neun Handwerker auf der Baustelle, wenn sie denn arbeiten. Der Konsum kalter Getränke, hier vorherrschend Bier, steigt während der dreißigminütigen

Pause auf mindestens fünf Liter, wohlgemerkt, nur während der Pause. Den Tagesverbrauch kann ich leider nicht näher beziffern.
Eine große Mülltonne, wir haben sie immer Oskartonne (wie die Tonne des Oskar aus der Sesamstraße) genannt, steht bereit um den Müll, der tagsüber anfällt, also leere Flaschen, Thunfischdosen, Käseschachteln, leere Feuerzeuge, Zigarettenschachteln, um nur einige Teile zu erwähnen, aufzunehmen. Scheinbar kennen die Spanier solche Tonnen nicht! Die leeren Flaschen, Metallverschlüsse und Abfälle des Frühstücks liegen verstreut auf dem Grundstück herum! Nach Eintritt der täglichen Ruhe, wenn die Bauarbeiter Feierabend haben, durfte mein Mann dann den verstreuten Müll einsammeln. Tag für Tag.

Langsam bekommt unser Haus ein Gesicht, langsam, ganz langsam geht es voran. Im ersten Anbau, er verbirgt den großen Salon und ein Gästezimmer, soll eigentlich der Maler mit seiner Arbeit beginnen. Die Decke ist jedoch so rau und grob, dass mein Mann die Arbeit reklamiert und es ablehnt, die Decke so zu akzeptieren. Jose Luis, ein neues Gesicht, wird präsentiert. Es war die beste Entscheidung, seit wir diesen Bau begleiten. Jose Luis, vielleicht gerade mal Anfang Zwanzig, schlank, braungebrannt und immer für einen Schwätzchen zu haben ist unser neuer *Escayolista*, unser Gipser!
Ein richtiges Händchen für Gips und mit sehr viel Liebe, so arbeitet Jose Luis. Die Decke im Salon wird nun mit *Perlita*, einer Spachtelmasse aus Gips, abgezogen und ist nun glatt wie

ein Kinderpopo. Rundherum werden wieder *Molduras* und im Zentrum der Decke zwei große Ornamente angebracht. Gleichzeit liefert eine bekannte Firma aus Chiclana den Kamin, der im großen Salon eingebaut werden soll.

Die Molduras werden an der Decke angebracht
Jose Luis bei der Arbeit

Später soll ein Durchbruch es ermöglichen, direkt vom alten in das neue Haus zu gelangen. Am Boden des Zimmers, früher Rumpelkammer mit Metallbett und Rasenmäher, dass

unser Esszimmer wird, haben die Arbeiter bereits einen kleinen Spalt durchbrochen, um beim Verlegen der Fliesen den Verlauf zu erkennen. Wir lassen im ganzen Haus, außer in unserem Bad, dieselben Fliesen diagonal verlegen. Jetzt zeigt es sich, wie interessant es ist, die Stromkabel nicht an der Decke verlaufen zu lassen. An der zu durchbrechenden Wand befinden sich jeweils links und rechts Steckdosen, das Verbindungskabel läuft direkt in der Höhe der Steckdosen, auch von links nach rechts, in etwa vierzig Zentimeter Höhe! Zum Glück hat es mein Mann rechtzeitig entdeckt und das Kabel neu verlegt, jetzt über dem Durchgang.
In der einen Ecke wird gefliest, in der anderen Ecke steht Jose Luis auf der Leiter und arbeitet an der Decke. Zwei Arbeiter stellen nun den Kamin auf. Dabei stellen sie fest, der Sockel aus Marmor ist an einer Stelle gebrochen. Was nun? Es würde Wochen dauern, einen neuen Sockel zu beschaffen, da es sich um eine Maßanfertigung handelt.
Mein Mann schnappt sich die Teile und sucht im Industriegebiet einen Fachbetrieb für Marmor auf. Nun ist es hier nicht schwer, eine solche Firma zu finden, anders als in Deutschland, gibt es zahlreiche Firmen für Marmorverarbeitung. Der Sockel wird an einer zweiten Stelle, im genau gleichen Abstand nach Außen, ein zweites Mal geschnitten. Nun sieht es aus, als sollte es so sein! Man muss sich nur zu helfen wissen! Jose Luis vollendet den Kamin mit einem Traum aus Gips. An der gegenüberliegenden Seite, an der später der Fernseher und die Stereoanlage stehen sollen, bringen

die Arbeiter drei Borde an den Wänden an. Auch sie werden mit *Molduras* verkleidet und viel später durch eine angefertigte Glasplatte geschützt. Hier finden die Lautsprecher ihren Platz.

Wir haben Ende September, der Durchbruch zum ersten Anbau beginnt. Die großen Fenster im Salon, sie sind über zwei Meter hoch, sind bis jetzt nur Löcher! Noch keine Scheiben und noch keine Gitter! Es ist schon ein eigenartiges Gefühl in einem Haus zu schlafen, ohne Fenster und Gitter. Notdürftig sichert mein Mann die Löcher mit Pappe und Plastik, so können keine Katzen und andere eventuell umherlaufende Tiere und Insekten in das Haus gelangen! Zum Glück hat es auch kein Zweibeiner versucht. Verlassen kann mein Mann das Haus jedoch nicht mehr, jeder könnte durch die nicht verschlossenen Fenster einsteigen! Wir warten auf die Lieferung der Fenster, die seit Wochen bestellt sind. Paco, er ist für den Einbau genauso verantwortlich, wie für all die anderen Dinge, gibt angebliche Lieferschwierigkeiten des Herstellers als Grund an. Immer wieder drängt mein Mann ihn, sich zu kümmern, die Fenster werden aber nicht geliefert.
Selbst ist der Mann, das lernt man hier sehr schnell. Mein Mann macht sich also alleine auf den Weg zu dieser Schlosserei. Die Firma ist nur wenige Minuten von unserem Haus entfernt. Der Inhaber ist sehr freundlich. Bereitwillig erzählt er meinem Mann die wahren Gründe für das Fehlen der Fenster. Es gibt keine Terminschwierigkeiten. Der wahre Grund sind

echte Geldschwierigkeiten! Paco zahlt nicht, daher beliefert ihn der Chef nun nicht mehr! Unsere Fenster liegen zur Abholung gegen Bezahlung bereit, sie sind seit Wochen fertig und stehen in der Ecke der Schlosserei. Die Männer besprechen sich und der Boss der Schlosserei bekommt direkt von uns sein Geld, nach drei Tagen endlich haben wir unsere Fenster und Gitter!
Ich kann auch noch berichten, dass mein Mann zwei ganze Tage benötigte um das Haus nach dem Einbau wieder zu reinigen. Der Staub und Dreck lag fingerdick, überall. Eigentlich wäre es ja die Aufgabe der Arbeiter gewesen, den Dreck zu entfernen. Aber wir sind ja in Spanien.

Eines Tages, kurz vor der Abreise nach Deutschland, stellt sich ein neues Gesicht vor. Er sei Tischler und hätte gehört, wir benötigten Schränke. Es klappt in Spanien vieles nicht, aber so etwas klappt hervorragend. Geredet wird immer und überall. Mein Mann zeigt die bereits angefertigten Pläne und der Tischler erstellt innerhalb eines Tages ein Angebot, von einem Bekannten ins Deutsche übersetzt! Erstaunlich was möglich ist, wenn es darum geht, einen Auftrag zu erhaschen und Geld zu verdienen. Der Auftrag wird erteilt, der Tischler kann beginnen.

Paco teilt uns mit, die Arbeit für den Patio sei so eigentlich nicht im Angebot vorgesehen gewesen. Das Material, also die Fliesen, sollen wir zahlen und zusätzlich den Arbeitslohn für das Verlegen, 2.000.000 Peseten! Nun ist ein erneuter Anpfiff fällig! Die ursprüngliche

Zeichnung, nach der das Angebot erstellt wurde, beinhaltete auch den Patio. Paco erwidert, er sei nur für die Gebäude zuständig, nicht für den Rest. Paco wird diesen Patio fertig stellen, er wird es machen müssen, ohne einen weiteren Betrag dafür zu erhalten.

Nun steht aber zuerst die Reise nach Deutschland auf dem Plan. Während der Abwesenheit meines Mannes gilt eine klare Anweisung: Baustopp!
Auf keinen Fall sollen die Handwerker ohne Aufsicht arbeiten. Nur Jose Luis bekommt einen Schlüssel, er darf alleine weiter gipsen. Die Decke im Schlafzimmer, Badezimmer und in dem Flur dazwischen müssen fertig werden. Jose Luis einen Schlüssel zu überlassen, war eine sehr gute Entscheidung, wie sich später herausstellen sollte.

Der fertige Kamin und
die eingebauten Fenster

Kapitel 11

Wir haben den 12. Oktober 2001, der Tag, an den wir noch lange denken werden.
Mein Mann hat einen Direktflug Jerez de la Frontera – Hamburg gebucht. Ohne Gepäck, nur eine kleine Tasche, die mit in die Kabine der Maschine geht. Sicherlich ist das der Grund für alles Folgende gewesen. Mein Mann hat das Ticket am Counter abgegeben und die Bordkarte erhalten, soweit ist es normal, wie sonst auch bei jedem Flug. Nachdem der Flug aufgerufen ist, will mein Mann die Maschine besteigen und geht zum entsprechenden Ausgang. Dort werden die Bordkarten eingesammelt und man darf die Maschine besteigen. Nicht aber mein Mann. Die Stewardess an der Kontrolle bittet meinen Mann einen Moment zu warten. Nachfolgende Passagiere wundern sich. Eine zweite gerufene Stewardess erklärt meinem Mann, er könne nicht mit in diese Maschine. Es geht hin und her, dann begleitet man meinen Mann zurück in die Abfertigungshalle. Andere Passagiere werden natürlich aufmerksam, Blicke folgen, es wird getuschelt und es werden Vermutungen angestellt ...
In der Abfertigungshalle erhält mein Mann die Erklärung: die Maschine sei überbucht, er müsse hier bleiben! Nun, mein Mann war relativ früh am Flughafen und der Flug seit Anfang September gebucht. Zu dem Zeitpunkt waren noch weitere freie Plätze in der Maschine! Einen wichtigen Notartermin zu verpassen, könne für die Fluggesellschaft sehr teuer werden, versucht mein Mann zu erklären. Es dauert, immer wieder Gespräche.

Ich erhalte den Anruf mit der Neuigkeit, während ich schon auf dem Weg zum Flughafen nach Hamburg bin, um meinen Mann dort abzuholen. Ich bin sehr rechtzeitig losgefahren, weil ich noch ein Treffen mit einer ehemaligen Kollegin am Flughafen vereinbart habe. Ich fahre zurück und informiere sie, leider kann aus unserem geplanten Treffen, dem letzten in Deutschland, nichts mehr werden. Zu Hause angekommen, rufe ich zuerst meinen Mann auf seinem Mobiltelefon an. Inzwischen hat er das Angebot erhalten, mit einer Maschine der gleichen Fluggesellschaft nach Hannover zu fliegen. Immerhin noch am gleichen Abend. Hannover ist aber nicht Hamburg! Da wir auch nicht in Hamburg, sondern in der Nähe der kleinen Stadt Ratzeburg wohnen, ein echtes Problem! Die Fluggesellschaft teilt meinem Mann mit, er bekomme ein Taxi ab Hannover bis nach Hause kostenlos gestellt!
Ein Kontrollrückruf in der Zentrale der Fluggesellschaft bestätigt mir diese Aussage. Sicher ist sicher. Wir stimmen zu, was bleibt uns auch anderes übrig. Am Flughafen, denn die Maschine nach Hannover geht erst zwei Stunden später, informiert eine freundliche Angestellte meinen Mann, es habe wohl irgendwelche Ungereimtheiten gegeben. Genaueres sagt sie nicht, wir werden es auch nie erfahren. Sicherlich wollte ein Verwandter oder ein Freund des Flughafenpersonals noch mit in diese Maschine nach Hamburg. Da mein Mann ja kein Gepäck hatte, war es leicht ihn herauszuziehen.
Gegen drei Uhr in der Nacht hielt dann endlich ein Taxi vor unserem Haus! Mein Mann aus Hannover!

Später, aufgrund eines Briefes an die Fluggesellschaft, erhält mein Mann einen Gutschein über 50 DM als Entschädigung. Dieser liegt noch immer in meinen Unterlagen, denn mit dieser Fluggesellschaft, einer Chartergesellschaft, sind wir nie wieder geflogen!

Zwei Wochen haben wir nun noch gemeinsam in Deutschland. Es sind unsere letzten Wochen gemeinsam in Deutschland! Bis auf weiteres. Vielleicht ja später mal wieder, für einen Urlaub? Wer weiß es heute schon.
Viel Arbeit gibt es in diesen vierzehn Tagen. Während der letzten Wochen habe ich eine Art Flohmarkt im Haus abgehalten. Zwei Anzeigen in einem dieser „Käseblätter" informierten alle Interessierten. Es ging zu wie in einem Taubenschlag. Alles was Rang und Namen hatte, aus der Umgebung und auch aus der Ferne traf sich in unserem Haus. Es sah aus wie bei einem Ausverkauf!
Ich habe großes Glück! Fast alle Schränke sind verkauft. Außerdem Geschirr, Handtücher und ich weiß nicht, was noch alles. Den Rest werde ich verschenken und an eine karikative Institution geben. Einige Plüschtiere, die ich immer noch aus meiner Kindheit besaß und von denen ich mich sehr schwer trennen konnte, brachte ich in den Nachbarort zum Kindergarten. Es ist ein bleibendes Erlebnis. Da gibt es eine Art Hundebär, etwa 60 cm groß. Jarreby, so hieß dieses Maskottchen, hat mich seit Jahren begleitet. An ihm hänge ich besonders. Die Kinder in dem Hort freuen sich über all die schönen Dinge. Nur Jarreby will keiner in den Arm nehmen. Ich bin enttäuscht und verstehe

es nicht. Er sieht wirklich niedlich aus. Die Kindergärtnerin erklärt, in ihm sei sehr viel Persönlichkeit und Energie, die Kinder können damit nicht umgehen. Jarreby bekommt auf einer sonnigen Fensterbank am Eingang seinen Platz. Ich bin gerührt als ich den Hort wieder verlasse. Ob Jarreby wohl noch immer dort sitzt?
Zurück zu unserem Haus. Eine große Werkbank und Arbeits-Schränke im Keller müssen auseinander gebaut und für den Abtransport verpackt werden.
Die verkauften Möbel werden in dieser ersten Woche abgeholt. Es stehen danach nur noch zwei Klappliegen im Haus! Unsere Küche bleibt natürlich, wir haben zwei alte Tassen zurückgelassen und ein Besteck, damit wir uns noch verpflegen können. Unser Hund ist am Ende seiner Kräfte. Er sieht total traurig aus und liegt lustlos in seinem Körbchen. Schwer für ihn zu verstehen, was hier passiert.

Ein extra für das Ausland zuständiges Umzugsunternehmen belädt einen Container, der per Achse, also auf einem LKW, nach Spanien gefahren wird. Es ist schon ein sonderbares Gefühl! Carlos verbringt diesen, teilweise auch noch regnerischen Tag, in seinem Zwinger. Er leidet, er kann auch diese Aufregungen nicht verstehen. Mehrere fremde Männer tragen alles was ihm lieb und vertraut ist aus dem Haus. Stundenlang sehe ich Kartons, Kartons und nochmals Kartons. Zuletzt noch die Gartenmöbel und Gartengeräte. Dann endlich ist alles verpackt. Der große Container ist fast voll. Ich wundere mich, obwohl wir doch

nur unser Bett mitgenommen haben ... Nachdem der Umzugswagen fort ist, bleibt ein leeres Haus zurück. Die Vorfreude auf Spanien macht es etwas erträglicher!
Eine Nacht verbringen wir noch in unserem Haus, dann endlich kommt der Tag der Hausübergabe. Damit ist das Thema abgeschlossen, es wird uns besser gehen. Die eigentliche Übergabe zeigt sich jedoch noch als Herausforderung. Der neue Eigentümer erscheint mit einem großen Block in der Hand. Zu jedem Schalter und zu jedem Absperrhahn macht er sich Notizen. Im Keller, im Saunaraum, entdeckt er in der Holzdecke eine Klappe. Auf die Antwort meines Mannes, es handle sich dabei um einen Revisionsschacht für die Wasserleitung, erhascht er nur Fragezeichen im Blick. Davon hätte er noch nie etwas gehört. Nun ja, es ist ja jetzt sein Haus und er hat Zeit genug sich damit vertraut zu machen.
Erleichtertet und gelöst verlassen wir nach etwa drei Stunden unser altes Haus.

Es bleibt uns nun noch eine gemeinsame Woche in Deutschland, die wir bei einer Bekannten verbringen. Es gibt noch viel zu erledigen in den letzten Tagen. Einen Termin bei der Bank, meiner alten Arbeitsstelle haben wir noch. Konten müssen umgestellt werden, in Zukunft sind wir „Devisenausländer", wie das klingt!

Am zweiten Morgen in der Notunterkunft bei meiner Bekannten werden wir durch das Klingeln unseres Handys geweckt! Es ist kurz nach sieben Uhr! Am anderen Ende der Leitung ist ein mir unbekannter Mann, der mir versucht zu erklären, wo er ist und was er will.

Unser gesamtes Umzugsgut, also der Container, ist schon in Chiclana angekommen. Aber wir sind noch nicht da! Wir sind doch noch in Deutschland!

Mein Mann übernimmt das Gespräch und erklärt, er werde sich um alles kümmern. Dann folgen zwei Telefonate, die mein Mann mit Spanien führt. Ich bin zu diesem Zeitpunkt tief beeindruckt, wie gut mein Mann sich am Telefon mit dem Teilnehmer in Spanisch unterhalten kann. Hut ab! Jetzt sind wir glücklich über den *Escayolista*! Jose Luis, der den Schlüssel für unser Haus hat, wird sofort angerufen. Kein Problem, der Satz, der immer kommt, wenn man in Spanien Fragen oder Probleme hat! Aber auf ihn ist Verlass. Der Fahrer des LKW ruft uns zwischendurch noch mehrmals an, denn er ist noch gar nicht an unserem Haus angekommen. Der Hilferuf kam, als er in der Nähe Sevillas war. Zum Glück, denn so haben wir genüg Zeit, alles Nötige zu veranlassen. Dann ruft er wieder an, als er auf dem Parkplatz vor unserem Camino steht. Wir erklären, der LKW muss rückwärts einfahren, da es keine Möglichkeit zum wenden gibt. Am Telefon hören wir auch die Stimme unseres *Escayolista*.

Jose Luis empfängt den LKW, hilft beim sogar Ausladen der Kartons. Von ihm erfahren wir später, der Bauunternehmer Paco sei zufällig dabei gewesen und hätte vorgeschlagen einige Karton bei Seite zu schaffen! Er würde sich dann später um den Abtransport kümmern! So ein Sauzahn! (Entschuldigung).

So viel Aufregung, noch dazu vor dem Frühstück. Eigentlich sollte der LKW erst eine Woche später in Spanien eintreffen, aber, vermutlich hat das Umzugsunternehmen hier nicht so ganz die Wahrheit gesagt!

Wir haben den 26. Oktober, es ist der Abreisetag meines Mannes. Begleitet wird er von unserem Schäferhund! Es ist sein erster Flug. Zwei kleine Schlaftabletten sorgen dafür, dass er diese Reise ruhig übersteht. Eine ganz aufregende Geschichte, nicht nur für den Hund. Am Flughafen Fuhlsbüttel stehen alle Leute um dieses Ungetüm herum. Ich meine die Transport-Box unseres Hundes. Durch die Luftöffnungen schauen die Leute immer wieder hinein. Aber unser Hund wartet noch im Auto, in seiner bekannten Umgebung. Dann ist es soweit. Der Schäferhund wird auf das Gepäckband gestellt und gewogen. Erst danach bringt mein Mann Carlos zur Reisebox. Wir sind total erstaunt, er freut sich etwas Bekanntes zu entdecken. Ich hatte den Hund an diese Box gewöhnt, in den letzten Wochen stand sie im Keller. Ab und zu fand sich darin ein Leckerli! Daher nun auch diese Freude. Die Kiste wird abgegeben. Gute Reise! Auch mein Mann passiert nun die Kontrolle und entzieht sich meinen Blicken. Auch ihm eine gute Reise, wir sehen uns in einer Woche!

Ja, sieben Tage bleiben mir nun noch. Ich bin total aufgeregt, leider aber auch noch krank in dieser letzten Woche mit noch so

vielen Terminen. Eine wirklich dicke Erkältung rafft mich nieder!
Am Abend vor meinem Flug in die neue Heimat bringe ich meinen Wagen zu einem Bekannten, dem ein Autohaus gehört. Das Auto wird dort einen neuen Besitzer suchen und hoffentlich auch bald finden. Dieser Moment hat am meisten wehgetan. Das geliebte Haus zu verlassen war nicht so schlimm, wie dieses Auto auf dem Hof des Autohauses zurückzulassen. Sonderbar. Noch heute spüre ich in meiner Brust den Schmerz, als ich in einer Taxe vom Hof der Firma fahre.
Umso glücklicher bin ich, als endlich der 2. November da ist, mein Tag der Abreise! Ich habe es geschafft, endlich. Ich nehme mir vor, im Flugzeug eine kleine Flasche Sekt zu trinken! Am Flughafen erscheint ein Verabschiedungskomitee der Familie.

Die Maschine ist nur mit zehn Passagieren besetzt, eine Reihe nur für mich, so bequem bin ich noch nie geflogen. Statt des Sektes gibt es Rotwein, gratis von der Fluggesellschaft! So kann man auch feiern. Während des Startens schaue ich noch mal auf Hamburg und sage „Adios", denn so bald werde ich nicht nach Deutschland zurückkehren. Der Flug ist einer der schönsten Flüge, die ich bisher erlebt habe!

Kapitel 11

Zurück zum Tag der Ankunft meines Mannes in Spanien.

Paco hat versprochen, meinen Mann vom Flughafen abzuholen. Er besitzt einen großen Wagen, es ist gar kein Problem, einen Koffer, ein Stück Handgepäck und den Hund in einem übergroßen Käfig, die Maße sind durch die Fluggesellschaften vorgegeben, zu transportieren. Tatsächlich steht er am Flughafen mit einem Renault Caddy, er auf dem Beifahrersitz, ein Verwandter fährt den Wagen! Da es nur eine Sitzbank in diesen Autos gibt, darf mein Mann hinten im Laderaum neben der Tasche, dem Koffer und der großen Hundebox Platz nehmen! Na ja, die Fahrt vom Flughafen nach Hause, es sind gut 50 km, dauert ja nur eine Stunde! Carlos, der zum Glück noch etwas müde ist, hat sicherlich bei seiner ersten Fahrt in Spanien den besten Platz!

Wie oft haben wir uns gefragt, wie er wohl reagieren wird, wenn er das erste Mal sein neues Zuhause betreten wird? Welche Empfindungen ein Hund hat, ob er versteht, was mit ihm geschehen ist? Noch etwas benommen durchstreift er den Garten und das Haus. Er freut sich, man kann es sehen, seine Kuschelwiese ist schon da! Er entdeckt sein Wasser- und Fressnapf! Bekannte Gerüche an den zahlreichen Kartons, die im Salon aufgeschichtet sind, geben ihm ein vertrautes Gefühl, kann er nun wieder glücklich sein, wenn nur Frauchen da wäre!

Jose Luis berichtet, Paco hätte sich über sein Engagement, den LKW mit zu entladen und beim Tragen der teils sehr schweren Kartons, sehr gewundert. Er solle sich die Zeit bezahlen lassen, die er für das Ausladen der Kartons benötigt hätte. Und hinzu kommt noch die Androhung des Diebstahls! Viel später, nachdem ich alle Kartons ausgepackt habe, suche ich meinen Locher! Er ist in einem Karton nur mit Büroartikeln gewesen! Sicherlich hat Paco an dem Karton nicht viel Freude gehabt!

Trotz des angeordneten Baustopps wurden die Arbeiten an unserem Haus fortgesetzt. Rund um das Haus wurde ein etwa einen Meter breiter Sockel, den später die gleichen Fliesen wie den Patio zieren werden, geschüttet. Erfreut ist mein Mann über die endlich erfolgte Installation der Technik des Pools, die auch während seiner Abwesenheit durch den Elektriker abgeschlossen wurde.

Einige Tage nach Carlos Ankunft hat er sich bereits an sein neues Zuhause gewöhnt.
Während eines Vormittags, die Leute arbeiten, Carlos läuft im Garten umher, wird mein Mann durch sehr böses Bellen unseres Hundes aufmerksam. Dann entdeckt mein Mann die Ursache! Carlos hat alle Arbeiter, acht gestandene Kerle, an die Mauer des Schuppens getrieben, wie eine Schafherde. Er sah es sicherlich als seine Aufgabe als Schäferhund an. Dort stehen sie nun, mit dem Rücken zur Wand und bewegen sich nicht mehr. Schützend halten die erwachsenen Männer ihre Hände vor ihr bestes Stück, ganz nach dem Motto: man weiß ja nie! Carlos läuft davor hin und her und hält seine „Schafe" im Zaum. Nun ist es klar, wer hier der Chef ist! Unser Hund ist zu Hause angekommen!

Überglücklich und wie in einem Traum verlasse ich am Abend des 2. November 2001 die Maschine am Flughafen Jerez de la Frontera und schließe endlich meinen Mann in die Arme. Besonders lange empfinde ich die Fahrt vom Flughafen nach Hause, die Vorfreude und die Anspannung werden immer größer. Endlich hält der Wagen vor unserem Grundstück, das Tor ist verschlossen, drinnen brennt Licht. Mein Mann öffnet das Tor und wir fahren mit dem Auto auf das Grundstück. Ich bin endlich angekommen! Mein neues Zuhause. Ich bin überglücklich. Schon so viele Bilder habe ich gesehen, aber in diesem Moment es live zu sehen, zu riechen und zu fühlen, selbst durch den Garten und durch alle Räume zu gehen, die Türen selber zu öffnen, dabei den ganz eigenen Geruch des Hauses einzuatmen, es ist ganz anders! Hoffentlich werde ich mich an dieses Gefühl noch recht lange und recht oft erinnern.

Die Anbauten erscheinen mir viel größer als ich sie mir vorgestellt hatte.
Im großen Salon finde ich alle Kartons wieder, circa fünfzig normale und einige große mit Kleidung, dazu eine riesige Satellitenschüssel, original verpackte Kartons mit Fernseher, Lautsprecher und den anderen elektronischen Geräten, die ein Haushalt so besitzt, ein Riesenberg! Unser neues Bad ist noch nicht fertig, ebenso schlafen wir noch im kleinen Zimmer, unserem heutigen großen Gästezimmer. In unserem zukünftigen Schlafzimmer sieht es noch sehr abenteuerlich aus, der Schrank fehlt, die Bodenfliesen sind noch nicht

verlegt und auf einem, mitten im Raum aufgestellten Gerüst, steht Jose Luis, der *Escayolista*. Wir begrüßen uns freundlich, nun hat der fleißige Mann auch seine Chefin kennen gelernt.
Den zweiten neuen Anbau kann man nur durch die im *Pasillo*, im Flur befindliche Tür betreten. Der Durchbruch zum alten Haus ist noch nicht erfolgt. Ein großer Moment für mich, der erste Blick auf meinen Pool. Es ist etwas ganz besonderes für mich, ein Schwimmbecken zu besitzen. Zu den größten Wünschen hatte es schon immer gezählt. Nun ist es Wirklichkeit geworden. Der Inhalt, eine dunkelgrüne und stinkende Brühe, lädt allerdings nicht zum Schwimmen ein. Jetzt darf ich auch zum ersten Mal in den fertigen Schuppen gehen. Die Werkbank meines Mannes ist noch nicht aufgebaut, aber die Waschmaschine steht schon an ihrem endgültigen Platz, obwohl sie noch nicht angeschlossen ist. Je mehr ich sehe, je klarer wird mir, es gibt noch eine Menge zu tun, auch auf mich wartet einer ganzer Berg Arbeit. Dennoch bin ich glücklich, ich bin am Ziel. Die lange Zeit der Trennung ist vorbei, mein Mann und ich sind wieder zusammen, bekanntlich ist ja geteiltes Leid, halbes Leid! Zeitlich begrenzt kann man es ertragen, immerhin war hier nicht der Weg das Ziel, sondern das Ankommen am Ziel. Und auch Carlos ist glücklich, ist doch nun auch sein Rudel wieder komplett!

Hundegebell, typisch im Campo, begleitet mich in der ersten Nacht im neuen Haus. Vergessen hatte ich, die Ruhe in Deutschland gewohnt, zu Spanien gehören Geräusche, die

das Leben hier widerspiegeln. Lachende und singende Menschen, gute Laune und fröhliche Musik, bis in den Morgen hinein. Attribute des Lebens! Es sind auch die Stimmen, die ich in meinem Inneren höre, wenn ich träume vom Land Spanien, die Rufe der Verkäufer in der Markthalle, die Bestellung des *Camareros* in der kleinen Bar, die er an den Tresen weitergibt, die Ansage im Supermarkt, ein besonderes Angebot für fünf Liter Olivenöl und auch das Bellen der Hunde. Lange habe ich darauf warten müssen, nun endlich gehören sie dazu, für mich, zum täglichen Leben!
Unruhig war die erste Nacht, ungewohnt das enge Ehebett und auch die Nähe eines Menschen, Monate hatte ich alleine verbracht. Schnell gewöhnt sich der Mensch an die gegebenen Situationen. Sehr schnell.
In den folgen Tagen sind mein Mann und ich ständig unterwegs.
Es fehlen noch viele Dinge, die wir für unser neues Heim erwerben müssen. Das neue Badezimmer benötigt Wand- u. Bodenfliesen, eine Toilette, ein Waschbecken, Duschwanne und Duschkabine, genau so wie Wasserhähne und Handtuchhalter.
In einem großen Sanitärfachhandel in Chiclana, in dem wir alles Erforderliche kaufen, machen wir es uns nicht leicht die richtigen Fliesen auszusuchen. Das Angebot ist unendlich, alle erdenklichen Farben, Muster und Strukturen, eine schier nicht enden wollende Auswahl, von der ein Bauherr in Deutschland träumen würde.
Wir entscheiden uns für eine hellbeige geflammte Fliese mit einer Marmorstruktur. Die

Abschlusskante am Boden, sowie der Fliesenfries sind aus goldbraunem Originalmarmor. Auch der Spiegel, den wir erst später aussuchen und bestellen werden, der in die Wand eingelassen werden wird, erhält einen Kranz aus im Verhältnis etwas schmäleren Marmorfliesen. Die sanitären Anlagen, mit einem antiken Charakter, passen sich hervorragend in das Bild ein, dass durch die leicht verschnörkelten Wasserhähne ergänzt wird. In den Ausstellungsräumen entdeckte ich Accessoires, die dem Bad zusätzlich ein wohnliche Ambiente verschaffen, mit Stoff bezogene Körbe, die die kleinen Utensilien in einem Badezimmer verstauen, ein verchromter, mit einem Holzdeckel verschlossener Behälter für die Schmutzwäsche, aber auch ein doppelseitiger Schminkspiegel, den mein Mann sicherlich auch für die Rasur verwenden wird. Weiter suchen wir Fliesen für den Außenbereich, besonders hart gebrannt aber auch einigermaßen rutschtest, so sollen sie beschaffen sein. Ein Anbieter, die Firma Gres de Breda, mit ihren hart gebrannten Fliesen, die es in Deutschland so nicht auf dem Markt gibt, beeindruckt mich am meisten, wenngleich auch der Preis am oberen Level angesiedelt ist. Qualität hat auch hier ihren Preis. Da einige große Flächen, zum Beispiel der Patio, nicht zu trist wirken, werden Ornamente eingelegt, andalusische Mosaike, die sich später auch in den kleinen seitlichen Terrassen und der Porche wieder finden werden. Das Ergebnis ist eine stolze Summe, da wir weit über 100 qm benötigen.

Zu Hause zeigt sich in neues Problem. Den alten, abgebrannten Boiler haben wir durch den Kauf eines neuen und größeren ersetzt. Bereits angeschlossen, läuft endlich wieder warmes Wasser. Der nun plötzlich einsetzende Levante, ein starker Wind aus Richtung Osten, beschert uns eine Überraschung: kaltes Wasser! Der obere Abschluss des kleinen Raumes, in dem der Boiler an der Außenwand montiert wurde, ist zu niedrig. Der Wind kann sich dort fangen und die Flamme des Boilers erlischt. Das Dach wird abgetragen, danach das Häuschen vergrößert und ein längeres Belüftungsrohr installiert. Nun soll es funktionieren! Lebt man hier in Spanien, lernt man vieles Neues kennen. Auch viele Probleme, die es in Deutschland aufgrund der fehlenden Rahmenbedingungen gar nicht geben kann.
Die Fliesen im Bad wurden verlegt, das Waschbecken, die Dusche und Badewanne installiert. Die Badewanne sollte von einer weißen Plastikmanschette aus dem gleichen Material, wie die Wanne, umgeben werden. Dieses Teil wurde aber erst später geliefert. Nach Erhalt standen die Arbeiter hilflos vor der Badewanne und erwarteten doch von uns eine Lösung des Problems. Die Badewanne wurde nicht hoch genug aufgestellt, es wäre ein gemauerter Untergrund erforderlich gewesen. Nun passte die Manschette nicht um die Wanne, sie war zu breit, oder der Rand der Wanne zu schmal. Ich war darüber sehr glücklich, mein Wunsch war es von Anfang an, auch an der Vorderseite der Badewanne Fliesen anzubringen. Die Manschette ging zurück, dafür benötigten wir jedoch zusätzliche Fliesen.

Schade nur, dass die Fugenmasse per Hand angemischt wurde! Dieselbe Farbe wird man nicht wieder hinbekommen, aber so ähnlich! Auch das ist Spanien. So ungefähr ist doch sehr schön!
Mit viel Liebe hatten wir uns einen Spiegel ausgesucht, eine Sonderanfertigung für unser Bad. Den äußeren Rand ziert eine geschliffene Phase, der Spiegel selbst hatet eine goldfarbene, antike Maserung, passend zu den Fliesen. Geliefert wurde er rechtzeitig, wartete aber etwa zwei Wochen auf seinen Einbau.
Ein neuer Arbeiter, André, der bei den Fliesenarbeiten hilft, hat es im Kreuz und kann sich nicht besonders gut bewegen. Wir waren glücklich, denn sonst ging es ihm gut!
Gleichzeitig, erschien auch noch Raul, unser Maler! Wir nannten ihn die Schnecke! Zufällig hatte ich in einem Laden einen Karton Weingummi gekauft, mit Schnecken! Und zufällig gab es einen Fußballspieler, bei Real Madrid, der Raul heißt. Jedes Mal wenn der Name Raul fällt, essen wir nun eine Schnecke! Raul war ein sehr aktiver Fußballspieler, aber kein besonders schneller Maler!
Bei einer besonderen Aufgabe, die *Rejas* vor den Fenstern mussten gestrichen werden, beobachte ich zufällig Raul. Ein geschlossener Farbeimer diente ihm als Leiterersatz. Neben ihm am Boden stand der geöffnete Eimer aus dem er umständlich wie ein Wellensittich die Farbe auf den Pinsel brachte. Das *Reja* war fertig, Raul trat mit dem rechten Fuß zuerst vom Eimer und landet mitten in der Farbe im offenen Eimer! So stand er nun, hilflos und wartete auf ein Wunder. Dieses kam, von mir

lachend präsentiert, in Form einer Mülltüte, die ich Raul über den farbgetränkten Fuß zog! Wer den Schaden hat, braucht für den Spott nicht zu sorgen, tagelang warnten die anderen Arbeiter ihren Kollegen vor herumstehenden Farbeimern. Außerdem hatte ich auch immer eine Plastikmülltüte zur Hand, für alle Fälle!

Es gab viele Tage, an denen ich nichts tun konnte. Die zahlreichen Kartons warteten zwar darauf, ausgepackt zu werden, ich begann auch immer wieder damit, musste aber genau so oft wieder die Kartons verschließen, da der Raum fehlte, um das Entnommene zu verstauen. So verbrachte ich viele Stunden auf dem Sofa im kleinen Salon. Eine Heizung gab es noch nicht bei uns. Es war sehr kalt (15 °!) und nur mehrere Decken, in die ich mich eingewickelte, machten es erträglich. Wir Nordeuropäer, an Heizung und warmes Wasser gewöhnt, haben es in der Umstellung nicht leicht!
In Deutschland war es viel kälter, die Temperatur unter null Grad, hier waren mindestens 15 ° im Schatten, mir aber war kalt. Es würde dauern, bis ich mich daran gewöhnt hatte und so halfen mir ein Pullover und einige Decken dabei.

Endlich sollte der Durchbruch des zweiten Anbaus erfolgen. Der kleine Raum wurde mit feuchten Tüchern abgedichtet, um die Staubentwicklung einzugrenzen. Manolo Bruto, ein Arbeiter, stark wie ein Pferd und dumm wie ein Esel, begann mit Hammer und Meißel der Wand zu Leibe zu rücken. Später würde der

Durchbruch, der eine Tür werden soll, mit einem Elektrohammer vergrößert. Trotz der feuchten Sperren war das ganze Inventar von einer Staubschicht überzogen. Ein im angrenzenden Badezimmer, dem alten kleinen Gästebad, stehender Keramikfisch, hatte diese Aktion mit seinem Leben bezahlen müssen, er fiel vom Bord.
Es gab auch positive Dinge in diesen Tagen zu berichten. Im kleinen Gästezimmer, im ersten Anbau, begann endlich der Tischler mit seiner Arbeit. Die gefertigten Elemente wurden eingebaut und nach und nach entstand ein Schrank. In dem Raum standen an der Wand, nun zu einem hohen Turm aufgebaut, neben unserem Bettgestell und der Matratze, die Kartons, die im Salon immer im Wege standen. Sehnsüchtig warteten wir darauf, endlich in unseren Betten im neuen Schlafzimmer übernachten zu dürfen. Die Tür, die den direkten Zutritt auf den Pasillo gewährte, war zwar eingebaut, sie konnte auch verschlossen werden, es fehlte aber immer noch das Glas. Es war nicht besonders vorteilhaft, denn in den Monaten November bis Januar regnet es in Spanien!
Nach Abschluss der Durchbrucharbeiten begann ich mein Haus zu putzen. Eine nicht enden wollende Arbeit. Anschließend trugen wir die Einzelteile unseres Metallbettes ins neue Schlafzimmer und bauten sie zusammen. Plastikfolie ersetzte kurzerhand das noch immer fehlende Glas in den Außentüren. So blieb zumindest der Regen draußen. Auch hier begann der Möbeltischler den großen Schrank einzubauen. Stück für Stück ging es voran. Ich war froh über jede abgeschlossene Arbeit.

Unerträglich war es für mich, wenn gleichzeitig mehrer Dinge in Angriff genommen wurden, ohne dass man ein Ende absehen konnte.

Der Schrank im Schlafzimmer
wird eingebaut

Was es heißt, wer ein Haus hat, hat immer Arbeit und ist immer am Bauen, konnte ich jetzt genau nachvollziehen! Unser Haus war noch nicht fertig, aber die Pläne für Änderungen wurden bereits in die Tat umgesetzt. Die Sonnenterrasse rund um den Pool, hatten wir entschieden, soll noch verändert werden. Einige der verlegten Platten wurden wieder aufgenommen, dafür an anderer Stelle verlegt und der gefliese Platz rund um den Steintisch somit erweitert. Wir mussten uns einfach daran gewöhnen, dass die Arbeiter immer gleichzeitig an verschiedenen Stellen werkelten, obwohl weder die eine, noch die andere

Sache fertig gestellt war. So begannen sie nun auch noch mit der Erstellung der Sommerküche. Weihnachten stand vor der Tür. Ich hatte nur einen einzigen Wunsch für dieses Fest der Freude und Liebe. Ich teilte ihn immer wieder Paco mit. Ich wollte zum Fest in meinem neuen Schlafzimmer schlafen! Leider hatte er sich nicht erfüllt.

Ein ganz anderes Weihnachtsgeschenk hatte Paco für uns vorbereitet. Der Innenausbau unserer Sommerküche sei nicht im vorher vereinbarten Gesamtpreis enthalten! Eine Extrazahlung stand an!

Blick auf die Sommerküche
- im Hintergrund die Dusche aus Natursteinen -

Mit dieser Meldung und einem selbst geschossenen Kaninchen, es hat mindestens 200 g

Schrot im Körper, forderte er uns auf einen noch nicht fälligen Betrag an ihn auszuzahlen. Immerhin müsste er seine Leute bezahlen, es war Weihnachten. Geschenke für die Familie müssten ja auch noch gekauft werden. Nebenbei darf ich Sie als Leser daran erinnern, dass Geschenke in Spanien erst am 6. Januar überreicht werden. Wie viel Geld er denn haben wollte, fragten wir. Genau genommen kann ich nicht sagen, ob es an den noch vorhandenen Sprachproblemen lag oder ob es Absicht war, dass Paco uns in dem Glauben ließ, er wolle lediglich 10.000 Peseten von uns haben. Gemeinsam fuhren wir zur Bank. Während der gesamten Bauphase hatte ich immer nur einen überschaubaren Bargeldbetrag im Haus. Zu viele Kreaturen schlichen umher, man weiß ja nie! Sicherlich hätte ich den Betrag von umgerechnet 60 € auch noch aus meinem Portemonnaie bezahlen können, dann hätte ich aber selbst kein Geld mehr für den Einkauf besessen. Vor der Bank war natürlich wieder kein Parkplatz vorhanden. Wir standen in der zweiten Reihe. Mein Mann ging schnell zum Geldautomaten und überreichte danach Paco die Scheine. Völlig entsetzt starrt er uns an. Was das sollte? 100.000 Peseten wollte er haben. Also 600 €. Es kam zu einem Streit. Als die Klügeren gaben wir nach, Paco fühlte sich als Sieger. Es ging zurück nach Hause. Der Chef der Truppe ging in die Weihnachtsfeiertage!

    Wir genossen die Ruhe und die Stille auf unserem Grundstück. Endlich konnte unser Hund alleine herumtoben, ohne Rücksicht auf die Arbeiter. Wir genossen, wenn auch im

Gästezimmer, aufzustehen, wenn wir wach wurden und nicht, wenn der Wecker klingelte. Das war unser Weihnachtsgeschenk in diesem Jahr. Den ersten Weihnachtstag gönnten wir uns eine Flasche Sekt, die wir auf den Relaxliegen, sie standen früher in unserem Ruheraum der Sauna, am Pool tranken. Noch immer schillerte uns das schmutzige grüne Wasser entgegen. Die Sonne schien, ein Gefühl von Glück und Zufriedenheit machte sich bei uns breit. Das erste Weihnachtsfest in unserem neuen Haus in Spanien!
Die Ruhe hält nur kurz an. Zwischen Weihnachten und Neujahr wurde gearbeitet, Paco erschien mit einem Gipsarm! Natürlich wollten wir wissen, was passiert sei, eine Erklärung blieb er uns jedoch schuldig. Paco konnte nicht mit Geld umgehen, er zahlte seine Rechnung bei Lieferanten nicht, versuchte von Kunden immer wieder Geld zu ziehen und auch bei all seinen Freunden stand er schon in der Kreide. Später erfuhren wir, dass durch ihn eine Familie in den finanziellen Ruin getrieben wurde und der Sohn sich mit einem Tritt gerächt haben sollte, aus Frust und Hass gegen Paco.

Eines Tages, als ich zufällig in die Sommerküche, besser auf die Baustelle ging, sah ich das Chaos! Da hatten doch die Männer alleine über die Anordnung der Spüle und des zweiflammigen Gaskochers entschieden, ohne mich zu fragen. Nun hatte ich einen Kocher direkt vor dem Fenster montiert. Toll, dann kannst du immer bei Braten auf den Pool sehen, er liegt direkt dahinter! Wundervoll, aber das alle Fettspritzer immer zuerst an die Scheiben gehen, daran hatte niemand gedacht! Vielen Dank! Im rechten Winkel daneben setzten sie die Spüle, sie besteht aus einer runden Schüssel des gleichen Materials wie die Fliesen, die auch von *Gres de Breda* hergestellt wird. Der eigentlich von uns vorgesehene Wasserhahn passte nicht, da der Abstand zwischen Spülschüssel und Wand zu gering war. Experten waren wieder bei der Arbeit. Mein Mann hatte wieder eine gute Idee, wir kauften uns einen neuen und sehr hochwertigen Wasserhahn, den wir in unserer Küche montierten. Den alten, er ist noch kein Jahr alt, aus der Küche, montierten wir in der Sommerküche! So löst man hier in Spanien Probleme.

Am Sylvester wurde noch bis Mittag gearbeitet, dann verabschiedeten sich die Handwerker und wir freuten uns auf 1 ½ freie Tage. Am Abend fuhren wir zum Chinesen, dem einzigen ausländischen Restaurant in Chiclana, welches an dem heutigen Tag geöffnet hatte. Die spanischen Lokalitäten hatten sowieso geschlossen.

¡ Feliz año nuevo!
Wir schreiben das Jahr 2002!

Das neue Jahr begann, wie das alte gegangen war, mit einer Überraschung. Unsere Arbeiter waren nicht erschienen! Aber dafür erhielt ich aus Deutschland einem Anruf, sozusagen, ein nachträgliches Weihnachtsgeschenk. Endlich hatte sich ein Käufer für meine Immobilie, in der meine verstorbene Tante wohnte, gefunden! Das Haus stand nun lange genug leer, kostete nur Geld und wurde nicht besser, im Winter ohne Heizung!

In der folgenden Nacht regnete es ununterbrochen. Wir hatten schwere Gewitter und keinen Strom! Alle Leitungen lagen hier über der Erde und mochten den schweren Regen nicht.
Auch das ist Spanien! Allerdings ein Spanien, dass den meisten Touristen verborgen bleibt, da nur wenige in den Monaten November bis Februar ihren Urlaub in Andalusien verbringen wollen. Es ist ja zugegeben auch schwierig, die bekannten und noblen Hotels haben geschlossen, das Wetter ist nicht für einen Strandbesuch geeignet und zum Fest und zum Jahreswechsel bleiben viele gerne in den eigenen vier Wänden.

Mit dem verlässlichsten Handwerker, unserem Gipser hatten wir ein offenes Wort gesprochen. Paco würde uns verlassen, keine weiteren Aktivitäten mit der Firma, die noch nicht einmal eine Firma ist! Ein Strahlen konnte man auf dem Gesicht des *Escayolista* erkennen. Paco und er waren nicht gerade das, was man Freunde nennt. Jose Luis hat einen Cousin, der ebenfalls Bauunternehmer war. Enrique wurde uns vorgestellt und machte auf uns einen sehr seriösen Eindruck. Wir baten ihn um ein Angebot. Auf dem Grundstück sollte ein weiterer Bau, eine Garage, errichtet werden. Nur einige Tage später reichte Enrique das schriftliche Angebot herein, der Preis war akzeptabel, wir wurden uns bei einem Glas Whisky schnell einig. Junge Spanier trinken gerne und manchmal auch sehr viel Whisky.

Den Zeitpunkt des Baubeginns ließen wir offen, zuerst musste Paco seine Arbeiten beendet haben.

Auf einem dieser nicht enden wollenden Einkaufsfahrten nach Chiclana bestellten wir eine Duschkabine, ein weiterer Schritt nach vorne, denn ich wollte schon gerne mein neues Bad auch mal benutzen können! Auch hier war die Auswahl erschlagend, Glas oder Kunststoff, in klar oder milchig, mit Muster oder ohne. Wir entschieden uns für eine Mischung. Die Schiebeelemente, vorne gewölbt, sind aus durchsichtigem Glas, in den Zonen, sagen wir mal zwischen Hals und Oberschenkel, ziehen sich breite Streifen aus Milchglas von links nach rechts. Es wird einige Tage dauern, auch dieses Teil wird aus dem Werk in Nordspanien angefordert.
Paco stellte nur noch zwei Handwerker für unseren Bau zur Verfügung, Raul, die Schnecke, und einen Arbeiter fürs Grobe. Immer wieder hatten wir Paco aufgefordert, den Müll abfahren zu lassen. Der Ton zwischen den Parteien wurde schärfer, dennoch versuchte Paco das Ende seines Auftrages hinauszuzögern, in der Hoffnung, doch noch den Auftrag für die Garage zu erhalten.
Vielleicht bestellte er deshalb einen Container, damit wir endlich Platz auf dem Grundstück und er doch noch den Auftrag bekam. Reste nicht verbrauchter Steine, jede Menge Plastikfolie, leere Zementsäcke, Holz und Bauschutt wurden zusammengesucht und auf den Container geworfen. Bereits am nächsten Tag wurde er abgefahren, endlich!

Schon einige Wochen zuvor hatten wir mit dem Baggerfahrer gesprochen, er wollte uns Mutterboden liefern und erhielt nun per Telefon den Auftrag loszulegen.
Nur einen Tag später rollten die Lkws an und schütten uns mit Mutterboden zu! Insgesamt vierzehn Ladungen voll, um später auch mal einen grünen Rasen und blühende Pflanzen zu bekommen. Eine Arbeit, die meinem Mann ganz, ganz lange Arme gemacht hatte! Mit einer Schubkarre verteilte er Meter für Meter des Bodens.
Auch im Haus liefen die Arbeiten auf Hochtouren, man möchte endlich ein normales Leben führen können. Kleidung aus dem Schrank, nicht aus dem Karton, denn das Suchen war ich leid.
Leider entdecke ich beim gründlichen Putzen und Einräumen des Bades, das unser schöner Spiegel defekt war! Der ach so kranke André hatte im Bad mit einer Flex die Fliesen zugeschnitten, leider stand der Spiegel wohl im Weg! Ganz viele Pickel waren eingebrannt. Schnellstens musste Paco nun einen neuen Spiegel beschaffen, natürlich auf seine Rechnung! Der neue Spiegel wurde nur drei Tage später geliefert, eigentlich ist eine ganz besondere Sensation, aber er hatte eine Schramme! Also, wieder zurück. Zwischenzeitlich hatte der Tischler den Schrank im Schlafzimmer eingebaut, nur die letzte Spiegeltür fehlte noch, da der einzubauende Spiegel noch nicht fertig war. Immer wieder stellten wir fest, Dinge, die uns unmöglich erschienen, gehen rasend schnell, wiederum, die Dinge, die

eigentlich eine Selbstverständlichkeit sein sollten, die dauern Monate!
Ein erfreulicher Anrufer teilt uns mit, wir können die bestellten Gardinen für das Schlafzimmer abholen. Beim Aufhängen stellte ich jedoch zwei Fehler fest, so dass ein Teil zurückgeht. Das ist Spanien, wie ich es liebe!
Unser Gipser Jose Luis bekam einen neuen Auftrag von uns. Der Durchgang im Flur, getragen durch einen Bogen, musste neu gestaltet werden. Der eingebaute Bogen war schief, es war noch die Arbeit des ständig alkoholisierten Ravi!
Es wird wunderschön werden, wenn es fertig ist, sicherlich. Nun haben wir uns aber eine neue Baustelle in das Haus zurückgeholt, wer weiß, wie lange es dauern wird? Und Gipsarbeiten machen sehr viel Schmutz und Staub.

Ende Januar werden unsere Büromöbel geliefert! Nun konnte ich endlich die letzten Kartons auspacken, bis auf den einen, der fehlte! Mein Büro und das Badezimmer haben noch keine Türen! Dafür sind die reklamierten Gardinen fertig! Wenn das kein Trost ist! Und in Deutschland fand der Notartermin statt, mein Haus war endgültig verkauft!

Am letzten Freitag im Januar geschehen Wunder: der Tischler installierte die fehlenden Türen und unser Spiegel wurde geliefert. Leider, die antike Maserung fehlt und der Ton ist auch etwas anders. Mittlerweile war es uns nun auch egal, er blieb und kann an die Wand geklebt werden.
Der Gipser Jose Luis hatte den alten Bogen entfernt, den Teil darüber ebenfalls, natürlich war es wieder mit viel, viel Staub verbunden.

Es wurden zwei Säulen am Eingang, am Ende des kleinen Flures, montiert. Darüber entstand ein neuer Bogen, natürlich aus Escayola. Es sieht traumhaft aus! Glücklich sind wir auch darüber, dass es nicht so lange gedauert hatte, wie angenommen.
Man ist eben immer wieder überrascht. Der Schmutz war angemessen, würden wir wohl sagen, aber es hat sich wirklich gelohnt, wir sind sehr, sehr zufrieden.

Sollten Sie einmal einen *Escayolista* benötigen, Jose Luis werde ich Ihnen gerne weiter empfehlen! Er arbeitet sauber, mit sehr viel Liebe und ist ein wahrer Künstler in seinem Bereich. Einen Vorschlag gebe ich Ihnen jedoch mit auf den Weg: wenn er bei Ihnen ist, anketten! Geht er zum Feierabend nach Hause, man weiß nie, ob er am nächsten Tag, in der nächsten Woche oder erst im nächsten Monat wieder kommt! Eine gute Möglichkeit für Sie ist es auch, das Werkzeug, damit es niemand während der Nacht benutzt, so kann man es begründen, an einen sicheren Ort zu verwahren, denn ohne sein Werkzeug kann der *Escayolista* nicht auf einer anderen Baustelle arbeiten!

Für unser Schlafzimmer hatten wir einen schweren Spiegel in einem Eisengestell gekauft, er wird am selben Tag geliefert. So kann es auch in Spanien klappen!
Der 28. Januar 2002. Ein ganz besonderes Datum, ein Grund zum Feiern! Wir hatten die erste Nacht in unseren Betten im neuen Schlafzimmer geschlafen! Ein wirklich tolles Gefühl!

Immerhin sind wir die Maße 180 x 200 cm gewohnt, dagegen haben die spanischen Doppelbetten nur ein Maß von 135 x 190 cm, im Winter ist es sehr angenehm, im Sommer dagegen ...

Für unseren Außenbereich am Pool sollte sich Rosana kümmern. Sie ist etwa 180 cm groß und sehr, sehr schwer! Sie ist mit einem zarten Stück Nichts bekleidet, um ihren Kopf und die Schultern trägt sie zu einem Zopf geflochtene Rosen! Vier Männer bemühten sich, ihre 280 kg zu bewegen. Rosana steht am Pool. Carlos hatte bei der ersten Begegnung eine dicke „Bürste", das heißt, seine Nackenhaare standen hoch. Er knurrt Rosana an, da sie jedoch nicht lebt und nicht riecht, war es damit erledigt.

Paco hatte seine Arbeit fast abgeschlossen, seit einigen Tagen erschien nur noch Raul - Schnecke bei uns. Er malte und malte und malte, es dauerte, denn das komplette Haus erhielt einen neuen Anstrich.

Am 31. Januar kam der Bagger und hub das Fundament für die Garage aus. Die neue Firma: eine Freude für uns. Sie arbeiteten leise und still für sich. Die Handwerker erhielten einen Schlüssel für das große Tor, so fragten wir uns manchmal in der Früh, ob die Arbeiter überhaupt erschienen wären. Früher, als Paco noch mit seinen Leuten da war, Lärm, Lärm und Lärm.

Die Arbeiten an der Garage gingen schnell voran. Als sich am 5. Februar Raul verabschiedete ist die Garage schon hoch gemauert. Wieder fuhren große Lkws auf unser Grundstück und lieferten Materialen an. Früher, als Paco noch bei uns arbeitete, wurde der Beton von Hand in einer kleinen Mischmaschine angemischt. Jetzt bei Enrique lieferte ein LKW aus einer sich drehenden Betontrommel direkt an.

Parallel zur Garage entstand unsere neue *Porche*! Es ist ein überdachter Eingang ins Haus. Jedes Haus in Spanien hat eine *Porche*, sie werden in unterschiedlichen Größen gebaut und daher auch unterschiedlich genutzt. Teilweise stehen Tisch und Stühle darin, sagen wir mal, als Terrassenersatz. Wir möchten unsere Porche hauptsächlich als Schutz sehen, im Winter, wenn es versehentlich mal regnet. Außerdem bringt es dem Haus eine besondere Note, die hier einfach nicht fehlen darf.

Die Porche entsteht

Zwei Jahre sind nun vergangen seit wir unser Haus in Spanien gekauft hatten. Zwei Jahre mit unendlich vielen Aufregungen, mit Baulärm und Schmutz, mit Handwerkern, die kamen und gingen, mit neuen Erfahrungen und zum Glück auch mit sehr viel Freude!
Zu den Erfahrungen gehörten auf jeden Fall: Paco. Er ist der Bauunternehmer, den Sie bei uns nie wieder sehen werden. Mit so vielen Firmen hat er sich angelegt, die Rechnungen nicht bezahlt. Am Ende hatten wir es genau durchschaut, leider erst am Ende unserer Bauphase mit ihm. Es ist üblich, nicht nur in Spanien, eine Anzahlung vor Baubeginn zu leisten. Dann folgen weitere Etappenzahlungen, nach Baufortschritt. Paco benötigte immer sehr viel Geld, für Material, für Löhne und für die Clubs! Wir vermuteten, Paco erwarb sich damals eine Zehnerkarte, besser elfmal...dafür nur zehnmal bezahlen! Es ist doch sonnenklar, wenn man mehr Geld ausgibt. als man hat, beginnen die Probleme. Die entstandenen Löcher hatte Paco immer mit der nächsten Rate gestopft. Als wir aber dann den Geldhahn zugedreht hatten, bekam Paco sehr große Probleme. Alle die Rechnungen, die wir an die Firmen direkt zahlten, zogen wir der Gesamtsumme unserer Vereinbarung über den Bau ab, natürlich hatten wir nicht doppelt bezahlt. In den vergangenen Monaten und Jahren hatte Paco immer einen weiteren und neuen Bau, so konnte er die letzten Rechnungen des alten Kunden mit dem Geld der Anzahlung des neuen Kunden zahlen. Wir hatten aber viel darüber gesprochen, so hatte es sich wie ein Lauffeuer verbreitet, Paco ist nicht ganz so, wie er sein

sollte. Ein geprellter Baustoffzulieferer hatte eben auch den Sohn, der Paco zu dem gebrochenen Arm verhalf. Am Ende hätten wir noch Geld von Paco bekommen müssen! Vorbei, nie wieder, auch nicht für ihn. Einige Wochen hielt er sich in den Bars auf, dann bekam er eine verantwortungsvolle Aufgabe in Algeciras auf einer Werft, er durfte *Andamios*, Baugerüste, aufstellen!

Die Arbeiten an der Garage gingen zügig voran, eine besondere Idee hatten wir mit Enrique verwirklicht. Das Dach der Garage war begehbar, eine Sonnenterrasse! Seitlich führte eine Treppe hinauf, die Stufen und auch der Boden der Sonnenterrasse zieren wunderschönen kleinen Mosaikfliesen. Im Inneren der Garage würden wir so viel Platz haben, dass ein zusätzlicher Kühlschrank, einige Regale für Vorräte, der Rasenmäher und vieles mehr dort hinein gestellt werden könnten. Ein durch Enrique beauftragter Gipser verkleidete die Decke in der Garage, ein Maler kümmert sich um den Innenanstrich und um das *Reja*, da an der hinteren Front der Garage ein Fenster für zusätzliches Licht und Luft sorgt.

Fast gleichzeitig wurde auch die *Porche* fertig. Das Dach, im gleichen Stil wie der Rest des Hauses, es sieht aus, als wäre sie schon immer da gewesen.
Warum, fragen wir uns so oft, haben wir den neuen Bauunternehmer nicht schon früher kennen gelernt? Uns wäre eine Menge Ärger und Aufregung und auch Geld erspart geblieben.

An dieser Stelle muss ich beim Schreiben einen Moment verharren. Die Erinnerungen an den Tag, es ist ein Sonnabend, erreichen mich wieder. Noch immer stellen sich die kleinen und kaum sichtbaren Haare auf meinen Armen auf. Was war passiert?
Wir saßen am späten Nachmittag für einen kurzen Moment auf dem Patio und gönnten uns eine kleine Pause. Wir hatten Besuch und genießen den Nachmittag. Mein Mann kennt keine Ruhe, rastlos fiel ihm gerade ein, die Hecke zum Nachbargrundstück sollte auch mal wieder geschnitten werden. Kurz entschlossen stellte er eine alte Leiter auf, schnappte sich eine Astschere und begann hier und da einige extrem hohe Zweige zu kappen. Ich blieb mit dem Besuch auf dem Patio sitzen. Keine zwanzig Minuten später erfüllte mich eine gewisse Unruhe, nachdem ich ein nicht genau zu beschreibenden Geräusch aus der Richtung des Schuppens und der Leiter gehört hatte. Es ähnelte einem starken Rauschen, so als würde Wind durch Sträucher und Bäume streifen. Ich rief in die Richtung meines Mannes: geht es dir gut? Stille. Keine Reaktion. Mein Besuch bemerkte, die Leiter sei umgefallen. Sie liege auf den Fliesen neben der Hecke. Ich rief, nein ich schrie den Namen meines Mannes, während ich schon in seine Richtung lief. Ja, die Leiter lag am Boden. Direkt an der Ecke des Schuppens. Dahinter konnte ich nicht schauen, meinen Mann aus dieser Position auch nicht erkennen. Vielleicht hatte es eine Minute gedauert bis ich ihn erreichte, es kam mir vor, als wären es Stunden. Er lag am Boden. Zum Glück bewegte er sich, wenn auch nur ein

wenig. Ich sprach ihn an und erkundigte mich nach seinem Befinden. Mein Arm! Mein Arm! Vorsichtig half ich ihm auf und wir gingen die wenigen Meter bis zu den Gartenliegen, die eigentlich auf Sonnenhungrige warteten. Ich forderte ihn auf, sich zu setzten. Mit meinem geschulten Blick erkannte ich sofort, hier muss professionelle Hilfe her, und zwar schnell. In dieser Situation waren wir noch nie. Trotz der wahnsinnigen Schmerzen hatte mein Mann die Idee. Lauf zu unseren Nachbarn, die helfen dir bestimmt. Unser Besuch kümmerte sich um unseren Hund, der auch schon aufgeregt hin und her lief und die aufkommende Angst spürte. Ich rannte so schnell ich konnte zu Juan, unserem Nachbarn. Es ist nur das Nebengrundstück, aber es sind schon einige Meter zu laufen. Die Zunge hängt mir sicherlich aus dem Hals, als ich dort eintreffe. ¡*Nesecitamos una Ambulancia*! Dafür reichte mein Spanisch! Bin ich froh! Zuerst entdeckte ich keine Seele auf dem Grundstück, ergründe aber, dass die Garagentür offen stand. Dorthinein ging mein Weg also. Der Sohn der beiden arbeitete mit seinem Freund in der Garage. Sie erkannten an meiner Reaktion den Ernst der Situation. Ich konnte, so außer Atem, kaum erklären, was passiert war. Aber Leiter – hoch – runter, dass schaffte ich gerade noch. Ich deutete auf meinen Ellenbogen, um den beiden jungen Männern zu erklären, wo das Problem bei meinem Mann steckte. Raffa, der Sohn der Nachbarn rannte sofort mit mir nach Hause. Das Telefon bereits in der Hand. Wir erreichten unser Grundstück, rannten durch den Garten und erreichten die Sonnenliegen.

Mein Mann saß dort, unverändert. Ich war überglücklich, es hätte schlimmer kommen können. Raffa versuchte sich mit meinem Mann zu unterhalten, in der Zwischenzeit war auch sein Freund bei uns eingetroffen. Die beiden Spanier unterhielten sich, stimmen sich ab, ich verstand kein Wort. Raffa telefonierte. Bruchstückweise konnte ich heraushören, dass es sich um den Unfall und seine Folgen handelte. Wir fuhren mit dem Auto in die Notfallambulanz, erklärte Raffa. Ich eilte ins Haus, schnappte meine Tasche, in der sich immer alle notwendigen Papiere befinden. Raffa hatte sein Auto zwischenzeitlich vor unser Haus gefahren. Gemeinsam stützten wir meinen Mann und halfen ihm, damit er einigermaßen schmerzfrei ins Auto kam. Während ich so neben ihm ging, erkannte ich, dass mein Mann sich vermutlich den Ellenbogen gebrochen hatte. Schmerzen kann man auf seinem Gesicht ablesen, starke Schmerzen. Unsere Reise ging in die Stadt nach Chiclana. Dort befindet sich am großen freien Platz, auf dem jeden Dienstag der Markt abgehalten wird, die Notfallambulanz. Raffa parkte seinen Wagen direkt vor dem Eingang. Langsam stieg mein Mann aus dem Fahrzeug, mit schmerzverzerrtem Gesicht. Am Anfang erklärte Raffa freundlicherweise den Grund unseres Besuches. Sofort baten ihn die Schwestern in einen Behandlungsraum. Der eintreffende Arzt nahm den linken Arm in Augenschein und erklärte, er könnte hier nicht helfen. Es war dazu eine Röntgendiagnostik erforderlich. Die aber gibt es hier nicht. Sie müssten damit ins Hospital nach Puerto Real. Vorher versorgte der Arzt

den Arm meines Mannes. Eine Art Schlauch, das Material erinnerte mich an eine Mullbinde, wurde über den deformierten Arm gezogen. Etwas mehr Halt versprach der Arzt für die Fahrt. Papiere wurden ausgestellt und uns ausgehändigt.
Dann wurde Raffa hinzugeholt und er stimmte ohne auch nur zu zögern der erneuten Fahrt zu. Bis in die Klinik sind es etwa dreißig Minuten Fahrt. Zeit, die ich nutzte um nachzudenken. Die Leiter stand direkt an der Seite des Schuppens. Wäre sie in eine andere Richtung gefallen, es wäre gar nicht auszudenken. Mein Mann hätte nicht mehr auf dieser Welt sein können. Wäre er mit dem Kopf auf die Dachkante gefallen, es schüttelt mich. Er lebte und sitzt vor mir im Wagen. Klar, der Arm ist eventuell gebrochen, aber sonst schien es ihm relativ gut zu gehen. Jetzt erst fiel mir auf, dass ich nur mit einem etwas längeren T-Shirt bekleidet war. So etwa knieumspielt! Leichte Gartenpantoletten, mehr nicht. Wir saßen im Garten und genossen den Nachmittag. Keiner konnte damit rechnen, dass so etwas Schreckliches passieren könnte. Wir erreichten das Hospital. Groß uns mächtig steht es am Rande der Schnellstraße. Ich war froh, dass wir angekommen waren, ohne dass es Komplikationen gegeben hatte. Man weiß ja nie, bei einem solchen Sturz. Kaum parkte der Wagen vor dem Eingang zur Notfallstation kommt auch schon eine Krankenschwester mit einem Rollstuhl aus den sich automatisch öffnenden Türen. Besser, denn mein Mann wirkte ziemlich wackelig auf den Beinen. Die Schwester erklärte mir kurz, ich sollte doch schon mal die

Formalitäten am Empfang veranlassen. Dann schob sie meinen Mann davon. Fragen über Fragen. Ich verstand nicht sofort alles. Raffa half, so gut es ging. Ob ich einen Krankenschein hätte, will man wissen. Scheinbar verstand niemand, dass wir privat versichert waren. Es wollte niemand verstehen. Auf dem „Laufzettel", den die junge Schwester anfertigte, wurde ein Vermerk angebracht, den ich nicht deuten konnte. Nicht so wichtig, dachte ich noch, Hauptsache mein Mann wird ärztlich versorgt. Ich durfte ihm dann folgen. Zuerst wurde eine Röntgenuntersuchung vorgenommen. Sie war bereits abgeschlossen als ich den Unglücksraben wiederfand, im Labyrinth der Gänge. Überall standen Angehörige und telefonierten. Mit ihren Handys! Unvorstellbar. Schwestern schoben Rollstühle mit Unfallopfern durch die Gänge. Andere rangierten Betten durch die engen Gänge, teils leer, aber teils auch mit Verletzten belegt. In einem kleinen Untersuchungsraum warteten wir nun. Worauf auch immer? Ich wusste es nicht. Hin und wieder ging ich zu Raffa, der brav am Ausgang wartet. Er beruhigte mich, es wäre schon in Ordnung. Die eigentlich für den Abend geplante Verabredung mit einigen Freunden zum Essen sagte ich ab, auch mit dem Telefon! Wie lange wir auf ein Voranschreiten der Aktivitäten gewartet haben, weiß ich gar nicht mehr. Aber irgendwann kam ein Arzt und hatte die Röntgenbilder meines Mannes in der Hand. An dieser Licht durchflutenden Box an der Wand stehen zwei Ärzte und zwei Schwestern. Sie drehten die Köpfe, mal nach rechts, mal nach links. Leise wird gesprochen. Verunsichert nähere ich mich ihnen. Alle treten einen kleinen Schritt zur Seite, sodass ich einen besseren Blick auf die Bilder habe. Auch ich drehe meinen Kopf hin und her. Warum? Es war nicht zu erkennen, jedenfalls nicht mit dem ersten Blick und schon gar nicht für mich, welche Perspektive die richtige zur Betrachtung war. Der Arm scheint nicht richtig auszusehen. Scheinbar der Chef der anwesenden Ärzte beginnt dann zu erläutern, dass sich in der Mitte der Aufnahme der Ellenbogen des linken Armes darstellt. Die beiden Knochen, die normalerweise eine Verbindung eingehen, haben sich getrennt. Einfach ausgedrückt: seitlich betrachtet hat mein Mann ZWEI Ellenbogen. Ganz ruhig erklärte der Arzt die weitere Vorgehensweise. Mein Mann saß noch immer im Rollstuhl und sah zum Glück davon nichts. Ob bisher auf die Einnahme irgendwelcher Medikamente Reaktionen aufgetreten waren, will der Arzt von mir wissen. Kopfschütteln ist meine Antwort. Der fahrbare Untersatz mit meinem Mann wurde in einen anderen Raum geschoben. Ich durfte nicht mit hinein. Brav wartete ich vor der geschlossenen Tür. Nach einigen Minuten hörte ich Schreie. Die Stimme gehörte meinem Mann. Zwanzig Minuten warten. Dann endlich öffnete sich die Tür. Ich blickte ins Innere. Dort saß ziemlich blass mein Mann im Rollstuhl. Eine freundliche Schwester war gemeinsam mit dem Arzt dabei einen Gipsverband anzulegen. Er umschloss den Ellenbogen und jeweils oben und unten etwas mehr, so dass ein normales Bewegen des Arms nicht möglich war! Herzlichen Glückwunsch! Das war mein erster Gedanke. Und das mei-

nem Mann, der nicht eine Minute ruhig sitzen kann! Das konnte ja heiter werden. Nicht das wir nun auf direktem Wege das Krankenhaus verlassen könnten, ganz und gar nicht. Auch in Spanien gibt es Papiere. Und genau darauf dürfen wir nun noch warten. Diese erstellten Laufzettel erhalten wir nach weiteren dreißig Minuten ausgehändigt. Daran geknüpft ist eine Aufforderung sich in der Notfallambulanz in Chiclana vorzustellen. Entweder bei Beschwerden, oder aber nach Ablauf einer Frist von sechs Wochen! Ich kann es nicht glauben und frage nach! Ja wohl: sechs Wochen darf der wunderschöne weiße Gips bei uns verbleiben! Raffa stand noch immer vor der Clinica. Wir berichten und fuhren nach Hause.
Schmerztabletten, die mein Mann erhalten hatte, wurden mit einer Kleinigkeit als Mahlzeit eingenommen. Danach ab aufs Sofa. Schnell schläft der Kranke dort ein. Ich ließ ihn, schaute noch etwas in den Fernseher. Es folgte eine unruhige Nacht. Mein Mann durfte und konnte nur auf dem Rücken schlafen. Vielleicht können Sie sich vorstellen, was gerade die Lage bei einigen Männern so auslöst? Ich lag daneben und dachte immer: lieber schnarcht er neben dir, als wäre Schlimmeres passiert!

Kapitel 12

Unser Pool im Garten stand immer noch mit dem Wasser des letzten Jahres befüllt und wartet auf seinen Auftritt. Zuerst mussten nun die ca. 75.000 Liter Dreckwasser aus dem Pool gepumpt werden. Danach war eine gründliche Reinigung erforderlich, leider war es nicht ohne Chemie machbar. Während der Bauphase waren Staub, Zement, Plastiktüten und weitere unvorstellbare Dinge in den Pool gelangt. Die Bauarbeiter dachten sicherlich, unser Pool sei eine Art Müllbehälter! Mit einem speziellen Reiniger mit dem Namen *Aqua fuerte*, sehr stark und wohl auch ziemlich giftig, wurde nun das Blau im Pool zurückgeholt. Zwei beauftragte Männer benötigen dazu einen ganzen Tag! Auch sie hatten sich als wahre Experten in Sachen Poolreinigung vorgestellt. Wundersame Dinge waren wir mittlerweile gewöhnt, so erstaunte es uns nicht, dass die zwei Helden an einem Sonntag arbeiten wollten. Der Chef des Unternehmens war Mitte Zwanzig, sein Gehilfe vielleicht gerade Volljährig. Sie hatten sich telefonisch angekündigt für zehn Uhr. Nun ist zehn Uhr nicht überall zehn Uhr. Hier jedenfalls bedeutet es kurz vor Zwölf! Der Tag war wie geschaffen um einen Pool zu reinigen. Es goss in Strömen. Der Kanister mit dem Teufelszeug und zwei Besen, mehr brachten die beiden nicht mit. Viel Spaß, dachten mein Mann und ich noch. Stunden später klopften sie an unsere Haustür. Nass, wie zwei streunende Köter, berichteten die Spezialisten, der Pool sei nun bereit, das Wasser könnte eingelassen werden. Wir trauten uns und begutachteten die stundenlange Arbeit. Na ja, es war hellblau im Inneren, der Delphin war auch klar und deutlich zu erkennen. Für meinen Mann allerdings war es nicht gut genug. Es gibt Menschen, für die muss es sauber sein, andere wiederum bevorzugen es, wenn es wirklich rein

ist. Zu dieser Spezies gehört auch mein Mann. Die beiden Experten bekamen ihr Geld, nicht gerade wenig! Sie stiegen in ihren Wagen ein, in dem sich ganz sicher eine Pfütze auf dem Weg nach Haus gebildet hat. Den Rest des Kanisters und einen zweiten, den die Saubermänner mitgebrachte hatten, standen nun bei uns im Poolhaus.
Den Feinschliff bekam unser Schwimmbecken dann von meinem Mann. Da Pacos Leute nicht so ganz sauber gearbeitet hatten, müssen die ersten kleinen Glassteinchen ersetzt werden. Die Fugen wurden teilweise ausgebessert. Ich hatte noch nicht ein einziges Mal in unserem Pool gebadet, aber kleine Ausbesserungen durften wir schon vornehmen, es ist nicht zu fassen. Den linken Arm in Gips, aber man hat ja noch den rechten! Es dauerte. Ich hatte immer wieder „Pause" gerufen. Aber es ging voran, langsam aber stetig.
Wir kamen zu der Annahme, nun könnte es losgehen! Wäre da nicht immer noch das Problem mit dem Sand im Wasser! Wir benötigen einen neuen Brunnen! Was das bedeutet, hat uns kein Mensch erzählt, bevor es losging.
Morgens um acht Uhr fuhr ein LKW vor das Haus und auf unser Grundstück. Ein riesiger Tank mit Wasser wurde abgeladen, diverse Plastikrohre ebenfalls. Danach fuhr ein Ungetüm aufs Grundstück, sehr bedauerlich ist dabei, dass genau dieser Teil des Gartens schon einen grünen Rasen hatte! Nun nicht mehr. Das Ungetüm ist ein Bohrer! Die zwei Arbeiter, der eine von ihnen ist der Chef der Firma, suchten den Platz für den neuen Brunnen aus. Wie heißt es so schön bei Hildegard

Knef, von nun an ging's bergab. In jeder Beziehung.

Die Brunnenbaufirma rückt an....

Der Bohrer fraß sich immer tiefer in das Erdreich, gespült wurde mit dem Wasser aus dem mitgebrachten Tank. Zurück blieb eine dicke Schlammschicht, die den vorderen Teil des Gartens bedeckte! Grausam!
Fünfundfünfzig Meter tief ging es hinab. In das Loch wurden „eingeschlitzte" PVC-Rohre gesteckt, die miteinander verbunden wurden. Nachdem der Chef der Meinung war, die richtige Tiefe erreicht zu haben, ließ er eine mitgebrachte Rohrpumpe hinab in die Tiefe. Sie förderte nun Wasser hinauf. Zuerst eine Brühe, später wurde das Wasser immer klarer. Bis zum nächsten Morgen, dann würde der Erfolg der Bohrung an der Wasserqualität erkennbar sein. Wir waren glücklich. Der Garten sah aus wie eine Schlammwüste, aber wir hatten endlich klares Wasser ohne Sand!

Am nächsten Morgen lieferte ein Klempner eine bestellte, neue Rohrpumpe und eine Elektronik, damit der Druck auf der Wasserleitung ständig gleich hoch bleibt. Probleme und Situationen, mit denen sich ein deutscher Stadtmensch nicht auseinander setzen muss. Es sei denn, er kauft sich ein Haus in Spanien!
Das Problem mit dem Wasser war gelöst, dadurch aber hatten wir ein neues Problem: den Bohrschlamm im Garten.
Wie wir diese Schlammwüste wieder loswerden sollten, beschäftigte uns genau zwei Tage! Dann hatte mein „Arm-in-Gips-Mann" die Idee! Die beiden Jungs, die so tatkräftig den Pool gereinigt hatten, sollten Hand anlegen. Der gezahlte Geldbetrag musste auch noch für die Wiederherstellung des Vordergartens reichen, entschieden wir. Klar, die zwei Chaoten waren begeistert. Es half ihnen aber nicht. Mit Fragen nach dem Grund für ihre Aktivitäten am Sonntag, die Antwort blieben sie uns schuldig, waren die Fronten schnell geklärt. Zwei Tage später erschienen sie. Zuerst erkundigten sie sich nach dem Befinden meines Mannes. Strahlend hebt er seinen Gipsarm in die Höhe! Manchmal kann so ein Ding auch sehr nützlich sein! Mit Schaufeln kratzten die Helden den Schlamm vom Rasen ab. Meter für Meter. Grassode für Grassode. Als sie am späteren Nachmittag fertig waren, kann man zwar noch nichts Grünes am Boden erkennen, aber der dicke Schlamm war fort. Mit dem Wasserschlauch wurde der Untergrund gespült. Den Rest, erklärten uns die beiden, regelt die Zeit.

Einige Tage zuvor wurde unser Tor ausgetauscht, wir haben nun ein elektrisch zu öffnendes Tor. Wir dürfen also auch bei Regen genussvoll im Auto sitzen bleiben, wenn wir nach Hause kommen. Immer vorausgesetzt, wir haben Strom, was bei Regen ja nicht immer der Fall ist! Bequem mit einer Fernbedienung lässt sich das Tor öffnen und schließen. Auch die kleine Tür für die Zweibeiner kann man, wenn man möchte, nach Rücksprache über eine Gegensprechanlage, ein Telefon ist an der kleinen Wand im Flur angebracht worden, dann mittels Kopfdruck öffnen, ohne das Haus zu verlassen.

Für unsere neu installierte Wasserpumpe muss Schutz her!
Sie kann nicht so frei im Garten stehen und allen Umwelteinflüssen ausgesetzt werden. Ein Haus muss her. Unsere Wasserpumpenanlage bekommt ein eigenes Haus!

Neben unserem Haus haben wir nun vier weitere Nebengebäude entstehen lassen: die Garage, den Schuppen, das Poolhaus und das Pumpenhaus. Dabei wollen wir es auch belassen!

Das fertige Haus
unserer Wasserversorgung

Kaum zu glauben, aber wahr! Die großen Bauvorhaben sind beendet. Und schon stellten sich Änderungswünsche ein. Der vergangene Winter gab uns den Anlass dazu.
In unserem kleinen Salon befand sich ein rustikaler, offener Kamin, den wir aber so nicht benutzen wollten. Offene Kamine bringen zwar Wärme, sie entziehen dem Raum aber sehr viel Sauerstoff. Außerdem verteilen sich Ruß und Staub im ganzen Zimmer. Bei einem Besuch des besten Fachgeschäftes in Chiclana hatten

wir einen ganz speziellen Ofen entdeckt. Die Idee kommt aus Kanada.

Der Ofen wird mit gepressten Holzpellets beheizt. Sie werden mittels einer Schnecke, die sich im Inneren befindet, nach und nach in die Brennkammer befördert. Es bleibt kaum Asche zurück, der Raum ist sehr schnell warm und es bleibt alles sauber! Eine geniale Erfindung, die allerdings ihren Preis hat!

Der neue kanadische Ofen
wird eingebaut

Der Ofen wurde bestellt und die Firma übernimmt den Einbau in dem Freiraum, der durch einen offenen Kamin zur Verfügung steht.

Unser liebster *Escayolista* durfte den neu eingebauten Kamin jetzt verkleiden. Der Teil über dem Kamin wurde verbreitert, an die Seiten wurden Säulen gebaut, so hatte der Raum ein total neues Gesicht. Die Arbeiten brachten erneut viel Schmutz ins Haus, das wollte ich eigentlich nicht mehr. Den krönenden Abschluss lieferte die Firma, die den Ofen installiert. Er muss ausprobiert werden, draußen sind im Schatten 32 °, der Ofen musste mindestens eine Stunde heizen, auf voller Stufe mit eingeschaltetem Gebläse! Unser Escayolista ist begeistert. Er arbeitet unter verschärften Bedingungen. Weder ein böses Wort noch eine Beschwerde kamen über seine Lippen. Wir lachten gemeinsam über diese komische Situation, wer heizt auch schon bei diesen Außentemperaturen!

Ich hatte so lange darauf gewartet, Ende Mai ging es endlich los! Der Pool wurde befüllt. Es dauerte schon eine ganze Weile bis circa 75.000 Liter aus der Erde gepumpt waren! Es mussten immer wieder Pausen eingelegt werden, da die Pumpe sich nicht trocken laufen darf. Obwohl die Pumpe eine Automatik hat, die es verhindern soll, beschlossen wir, immer etwa nach dreißig Minuten Wasser, der Pumpe zehn Minuten Pause zu gönnen.
In der Nacht lief kein Wasser in den Pool und auch nicht, wenn wir das Haus verließen. Von Stufe zu Stufe füllte sich der Pool. Tagsüber saß ich auf dem Rand des Schwimmbeckens und erledigte meine Post. Das leise Plätschern des Wassers beruhigte mich und zeigte mir immer wieder, dass wir am Ziel waren! Nach

sieben Tagen passierte das, was wir eben nicht wollten! Die Pumpe beförderte kein Wasser mehr. Nun kann so etwas morgens, mittags oder abends eintreten. Sie kennen es, Zahnschmerzen bekommt man meist auch am 25.12. Kein Zahnarzt hat Sprechstunde und es bleibt nur die Fahrt in ein Krankenhaus. Nun hilft aber bei ausbleibendem Wasser auch in Spanien kein Arzt. Am Abend fiel das Duschen aus und wir entschieden uns für eine Katzenwäsche mit Wasser aus dem Fünfliterbehälter des gekauften Trinkwassers. Über den Einsatz der Toiletten, zum Glück haben wir zwei davon, müssen wir uns an dieser Stelle nicht unterhalten. Es wurde kurzerhand ein Eimer mit dem Poolwasser befüllt. Der Klempner wird am Abend noch gerufen. Glücklicherweise erscheint er schon kurz nach zehn Uhr am nächsten Morgen. Seit dieser Zeit habe ich immer drei Fünfliterkanister Wasser extra in der Garage stehen. Die Pumpe wurde aus der Tiefe hervorgezogen und genauestens untersucht. Der Fehler lag in der Elektronik. Zum Glück nicht an uns. Es wäre auch erstaunlich, denn zum Fördern von Wasser ist die Pumpe ja eigentlich installiert worden! Erstaunlicherweise wurde das defekte Teil noch am gleichen Tag ausgetauscht. Alles funktionierte wieder. Wir konnten duschen und auch wieder ohne Reue und Eimer die Toilette benutzen.
Jeder sollte sich ab und an mal an diese Zeilen erinnern, wenn er in Deutschland einen Wasserhahn öffnet, vielleicht sogar sinnlos das Wasser laufen lässt! Hier muss man immer mit dem Gedanken an das Wasser leben. Nicht immer regnet es in den Wintermonaten. Zum

Glück leben wir hier auf einer unterirdischen Lagune und diese Wasservorräte sind lebenswichtig!

Der fertige Pool bei Nacht
mit Innenbeleuchtung

Der Pool war gefüllt, nun folgte die erforderliche Wasserkontrolle.
Eine Automatik, die das Verkalken des Pools verhinderte, arbeitete mit Salz. Wir kauften in einer Saline 400 kg! Meersalz. Sie wurden vom Rande des Pools ausgekippt und nun durfte die Umwälzanlage 24 Stunden arbeiten. Damit sich keine Algen bilden gibt es eine Flüssigkeit, die in regelmäßigen Abständen ins Wasser gegeben wird. Das alles musste ich lernen. Das ganze Leben besteht nur aus Lernen!
Anfang Juni sprangen wir das erste Mal in unseren Pool! Das Gefühl kann man sicherlich mit dem bevorstehenden Weihnachtsfest, einem geschmückten Baum und vielen verpack-

ten Geschenken vergleichen, wenn man Kinder hat!
Früher kannte ich mich mit Zinsen und der Börse aus, nun sind es ganz andere Dinge geworden, die für mich in den Vordergrund gerückt waren!
Die Garage war fertig, das gleiche gilt auch für die Porche und das Pumpenhaus.

Glücklicherweise hatte mein Mann seinen linken Arm wieder gipsfrei. Freudestrahlend verbrachte er zahlreiche Stunden in seinem Garten. Die Beete müssen angelegt werden, Pflanzen wurden gesetzt, Palmen bekommen ihren Platz. Wir kauften eine Zitrone, eine Apfelsine und eine Khaki. Der befreundete Baggerfahrer schenkte uns einen Ableger einer Kanarischen Banane aus seinem Garten.
Auf dem Patio wurden Terrakottatöpfe bepflanzt, sie bringen dieses südländische Flair in meinen Innenhof.
In den nun schon grünen Rasen wurden endlose dünne Schläuche verlegt zur automatischen Bewässerung. Einen so großen Garten kann man nicht jeden Tag von Hand wässern, daher wird eine Schaltuhr installiert, die das für uns übernimmt unter Zuhilfenahme diverser Regner, die im ganzen Garten verteilt eingegraben wurden. Wie von Geisterhand kommen sie in der Nacht aus dem Boden und kühles Wasser benetzt den Rasen und die Pflanzen.
Täglich erfreuen wir uns an unserem Haus, an unserem Garten. Viele Stunden Arbeit, Ärger, Wut und Hoffnungslosigkeit sind vergessen. Aber, werden sie es auch bleiben? Werden wir uns nur an die guten Zeiten erinnern? Hoffent-

lich nicht, denn auch der Frust und die Wut von damals zeigen einem später, wie gut man es hat!

Kapitel 13

Wir bekamen einen sehr feuchten Winter. Ich wusste gar nicht, dass es so viel regnen kann in Spanien!
Die Farbe, mit der unser Haus gestrichen wurde, ist eine Plastikfarbe. Sie überzieht das Haus, es soll schützen und die Feuchtigkeit abhalten. Leider hat die Farbe nicht gehalten, was sie versprochen hat.
Es war nicht schlimm, der Dachdecker hat den Schaden am Dach, direkt über dem Flur zum Schlafzimmer repariert, wir haben die Schäden im Inneren beseitigt, aber damit ist das Problem nicht gelöst.
Gummifarbe muss her, sagten unsere Freunde! Sie ist dicker und elastischer als die alte Farbe. Sie kostet dafür auch sehr viel mehr!

Nun haben wir Sommer 2004 und unser Haus erstrahlt in einem neuen Glanz!
Alle Räume haben Farbe bekommen, nicht mehr so langweilig in weiß, nein, beige und gelb, ein Gästezimmer sogar in orange!
Das Haus selbst ist auch nicht mehr weiß sondern sonnengelb. Ebenso die Nebengebäude und die Mauer!
Ich kann nicht mehr sagen, wie viel Eimer Farbe mit 15 Litern Inhalt wir gekauft haben.

Es sieht schön aus, besser als vorher! Die Augen freuen sich im doppelten Sinne, es blendet weniger als der weiße Anstrich!

Wir sind am Ziel, sind angekommen, haben unser Glück gefunden. Endlich können wir genießen, können den Tag über alles das tun, wozu wir sonst keine Zeit hatten. Aufstehen, wann wir wollen, nicht wann der Handwerker will. Carlos hat seinen Garten für sich, er hat sogar einen eigenen kleinen Pool, ein Kinderplanschbecken aus Plastik, bekommen und liebt es in den heißen Stunden sich zu erfrischen, genau wie wir auch. Die ersten Zitronen aus dem eigenen Garten, eigene Tomaten und Gewürze, genauso, wie ich es mir erträumt hatte, schon vor Jahren!

Bleibt mir wieder nur ein Spruch zum Schluss.
Es ist mein Lebensmotto geworden und gar nicht so einfach umzusetzen.

> Lebe deinen Traum und
> träume nicht dein Leben!

Kapitel 14

Zwischenzeitlich ist sehr viel Zeit vergangen.
Wir schreiben bereits das Jahr 2015.
Es gibt ganz viele Neuigkeiten, die uns und das Haus betreffen.

Liebe Leser, bleiben Sie neugierig. Es wird einen weiteren Band geben.

Ich arbeite bereits an der Fortsetzung.

Es wird noch etwas dauern …. Hoffentlich schon im Jahr 2016

Aber, ich verspreche Ihnen, es wird wieder ungewöhnliche Geschichten geben. Sie werden staunen und sich wundern.

Herzlichst
Ihre Susanne Hottendorff

Bisher von der Autorin erschienen:

St. Pauli, Barmbek und ein bisschen Hamburg
ISBN: 978-3-734785-59-7
auch als e-book

Mord in Cádiz - Neuauflage!
Kommissarin Juana ermittelt - 1.Fall
ISBN: 978-3-734782-73-2
auch als e-book

Der Tod und der Narr
Kommissarin Juana ermittelt – 2. Fall
ISBN: 978-3-842354-29-6
auch als e-book

Tödlicher Sherry
Kommissarin Juana ermittelt - 3.Fall
ISBN: 978-3-844814-29-3
auch als e-book

Mord zur Semana Santa
Kommissarin Juana ermittelt – 4.Fall
ISBN: 978-3-732234-75-2
auch als e-book

Die Flamenco-Tänzerin
Kommissarin Juana ermittelt – 5.Fall
ISBN: 978-3-735790-43-9
auch als e-book

Mord und andere mystische Geschichten
ISBN: 978-3-732249-80-0
auch als e-book

Ein Diplomat auf Abwegen
Sein Tod gehört mir
ISBN: 978-3-848216-40-6
auch als e-book

Natürliche gesunde Schönheit
Ratgeber für Ihre Hautpflege
ISBN: 978-3-844814-78-1
auch als e-book

Fütterst du noch – oder ernährst du schon?
Ratgeber für artgerechte Ernährung
ISBN: 978-3-735780-60-7
auch als e-book

Andalusien Hautnah
Das wahre Leben

Band 1 – vom 11.12.2014
Band 2 – vom 27.12.2014
Band 3 – vom 03.03.2015
Band 4 – vom 07.04.2015
Band 5 – vom 15.06.2015

nur als e-book

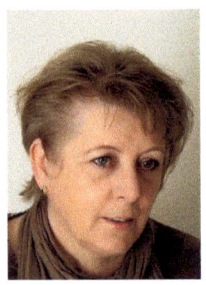

Susanne Hottendorff wurde 1956 in Hamburg geboren.
Nach abgeschlossener Ausbildung arbeitete sie dreißig Jahre lang als Kundenberaterin bei der Hamburger Sparkasse.
2000 folgten die Autorin und ihr Mann ihrem Wunsch und zogen nach Spanien, an die Atlantikküste Andalusiens. Sie begann zuerst für deutschsprachige Magazine zu schreiben. Dann folgte 2005 das erste Buch. Bisher erschienen zahlreiche Bücher und Kurzgeschichten, einige davon spielen auch in der Wahlheimat der Autorin.

Neben dem Schreiben beschäftigt sich Susanne Hottendorff mit alternativer Medizin und natürlicher, gesunder Schönheit.

Sie schloss eine Ausbildung zur Fachkosmetikerin, Psychologischen Beraterin und Entspannungstrainerin ab und absolvierte ein Studium zur Heilpraktikerin. Aber auch die Tiere haben in ihrer Arbeit einen Platz gefunden. Das Thema: Artgerechte Tiernahrung.

Jetzt arbeitet sie als Gesundheits-Beraterin für Mensch und Tier und als Psychologische Beraterin.

Infos über Ihre Arbeit auf:

www.ich-will-gesundheit.de
www.susanne-hottendorff.com
www.beratunsgpraxis-kleeblatt.de
www.hunde-und-katzen-lieben-es.de

Danksagung:

Ich möchte die Gelegenheit nutzen, um Ihnen, meinen Lesern, zu danken. Sie haben mir wieder einmal ihre knappe Zeit geschenkt und mein Buch gekauft und gelesen! Vielen Dank.

Ich hoffe, es hat Ihnen Spaß bereitet. Ich hoffe, es kann Ihnen nützlich sein, wenn Sie zu den Menschen gehören, die sich auch den Traum des Auswanderns erfüllen möchten!
Es lohnt sich, denn Spanien ist wunderschön.

Vielleicht warten Sie aber auch noch auf den nächsten Band ... ...

Susanne Hottendorff